진보를 위한 주식투자

Stock
Investing
for
Progress

진보를 위한 주식투자

Stock Investing for Progress

광수네 복덕방, 모두의 투자 이야기

이광수 지음

21세기북스

서문

세상을 바꿀 수 있습니다

　벌써 일 년 가까이 지났지만, 그날의 장면이 아직도 눈에 선합니다. 2024년 12월 3일 밤 10시 25분, 친구들과 늦은 저녁을 먹고 있었습니다. 무심코 켜놓은 식당 TV에서 긴급 속보가 방송되었습니다.
　'비상계엄 선포'
　순간 AI를 이용해 만든 딥페이크 영상이라고 생각했습니다. 하지만 현실이었습니다. 21세기 대한민국에서 실제로 비상계엄이 선포되었습니다. 세상은 흔들렸고, 시간은 힘들지만 빠르게 지나갔습니다. 추운 겨울날 여의도 광장에서 수많은 사람들은 어깨를 걸고 탄핵을 외쳤고 작은 응원봉을 흔들며 〈다시 만난 세계〉를 불렀습니다. 2025년 4월 4일, 윤석열은 탄핵되었습니다.

> 국민 모두의 대통령으로서 자신을 지지하는 국민을 초월하여 사회공동체를 통합시켜야 할 책무를 위반하였습니다. 군경을 동원하여 국회 등 헌법기관의 권한을 훼손하고 국민의 기본적 인권을 침해함으로써 헌법 수호의 책무를 저버리고 민주공화국의 주권자인 대한국민의 신임을 중대하게 배반하였습니다.
>
> 결국 피청구인의 위헌, 위법행위는 국민의 신임을 배반한 것으로 헌법 수호의 관점에서 용납될 수 없는 중대한 법 위반행위에 해당합니다.
>
> 피청구인의 법 위반행위가 헌법질서에 미친 부정적 영향과 파급효과가 중대하므로, 피청구인을 파면함으로써 얻는 헌법 수호의 이익이 대통령 파면에 따르는 국가적 손실을 압도할 정도로 크다고 인정됩니다.
>
> 이에 재판관 전원의 일치된 의견으로 주문을 선고합니다.
>
> 탄핵 사건이므로 선고시각을 확인하겠습니다. 지금 시각은 오전 11시 22분입니다.
>
> 주문. 피청구인 대통령 윤석열을 파면한다.

대한민국 역사상 두 번째 대통령 파면이었습니다. 모두의 승리였고, 어쩌면 모두의 아픔일 수도 있다는 생각을 했습니다. '왜 대한민국에는 불운한 역사가 반복되는가?'

시간은 다시 빠르지만 힘들게 흘렀습니다. 2025년 4월 10일, 민주당 이재명 의원이 대선 출마를 선언했습니다.

영원할 것 같은 겨울도 가고 이제 봄이 옵니다. 더 아름답고 더 따스한 봄을 우리의 두 손을 함께 잡고 함께 만들어갑시다. 희망의 대한민국, 바로 우리의 손으로 확실하게 만들어갑시다.

다시 희망을 이야기했습니다.

대립과 갈등이 지금 아주 크죠. 근본적 원인은 경제적 이유입니다. 먹고살기가 어려워져서 그래요. 세상 사는 게 힘들어서 그렇습니다. 그런데 더 잘살게 됐는데 왜 부족하게 됐냐? 편중되었기 때문이죠. 소위 양극화, 불평등, 격차가 너무 커졌어요.

문제를 정확히 파악하고,

많은 사람이 희망을 가지고 행복한 삶을 꿈꾸는 그런 세상. 그런 세상이 봄날 아니겠어요. 진짜 대한민국을 만들고 싶습니다. 그냥 이름만 대한민국이 아니라 진짜 대한민국, 그리고 그 대한민국은 대한국민이 만들어가는 거죠. 그 대한국민의 훌륭한 도구, 최고의 도구 이재명이 되고 싶습니다. 민주공화국 대한민국을 함께 만들어갑시다. 진짜 대한민국을 만들기 위해 대통령 선거에 출마합니다.

변화를 만들겠다고 약속했습니다.

2025년 6월 4일, 이재명 후보가 대한민국 21대 대통령으로 당선되었습니다. 최종 득표율은 49.42%, 총 1,728만 7,513표를 얻었습니다. 역사는 214일 동안의 대한민국을 기억할 것입니다.

이재명 대통령은 선거 과정에서 주식시장 활성화의 중요성을 여러 차례 강조했습니다. 대통령은 '모두가 함께 잘사는 대한민국'을 실현하기 위해 주식시장이 경제성장과 부의 공정한 분배를 이끄는 중요한 역할을 해야 한다고 강조했습니다. 주식시장 활성화에 대한 투자자들의 기대감이 커지면서 코스피 지수는 2025년 4월 이후 단기간에 30% 이상 상승했고, 3년 6개월 만에 3,000선을 돌파했으며, 지금은 4,000선을 오가며 역대 최고 수치를 기록하고 있습니다. 대통령은 한국 주식시장의 상승을 중요한 변화 중 하나로 이야기합니다. 하지만 여전히 질문은 남습니다.

주식시장은 계속 상승할 수 있을까?
주식시장이 좋아지면 양극화와 불평등이 줄어들까?
이재명 대통령이 약속한 '모두가 잘사는 대한민국'은 가능할까?

아직은 회의적입니다.

정치는 바뀌었지만 우리나라 기업들과 주식투자 문화는 아직 변하지 않았습니다. 주주를 무시하는 뿌리 깊은 경영 관행은 유지되고 있고 한국 사람들은 한국 주식을 사지 않습니다. 소득 분위별로 유가증권 보유 현황을 보면, 자산이 가장 많은 5분위는 주식 등 유가증권을 7,688만 원 보유하고 있습니다. 반면 자산이 가장 적은 1분위는 66만 원에 불과합니다. 무려 116배에 이르는 차이입니다. 주가가 상승하면 부자는 더욱 부자가 됩니다. 빈부 격차는 더욱 커지고 양극화는 확대될 것입니다.

오랫동안 주식시장에서 애널리스트로 일했습니다. 주식시장이 좋았습니다. 차별이 가장 적은 공간이었습니다. 주식투자에는 나이와 성별을 따지지 않았습니다. 경험과 학력에 따라 투자 성과가 달라지지도 않았습니다. 어떤 시장보다 공평하다고 생각했습니다.

그런데 대한민국은 공평한 시장에서 불공평한 자산 구조를 가지고 있습니다. 주식시장은 공평하지만 출발선이 불평등합니다. 누군가는 주식을 더 많이 가지고 있고, 누군가는 주식투자를 전혀 하지 않고 있습니다. 기업과 주주의 관계는 공평하지 않습니다. 대주주와 재벌들은 아직도 회사를 개인회사처럼 운영하고 있습니다. 이제 문제에 대한 답을 찾을 시간입니다.

한국 주식시장, 저평가가 해소되고 상승할 수 있을까?
투자를 통해 양극화와 불평등을 해소시킬 수 있을까?
우리는 무엇을 해야 할까?

세 가지 질문에 답을 찾는 것이 이 책의 출발이자 종착점입니다. 해답은 여러분을 행동으로 이끌 것입니다.

워런 버핏(Warren Buffet)은 스스로를 운이 좋았다고 말합니다. 아마존의 창업자 제프 베조스(Jeff Bezos)는 성공의 비밀을 이야기하면서 반은 운이었고, 반은 타이밍이 좋았고, 나머지는 머리 덕분이라는 농담을 했습니다. 한국을 방문한 마이크로소프트 공동창업자이자 게이츠 재단 이사장인 빌 게이츠(Bill Gates)는 성공 비결을 언급하면서도 "세상에서 가장 운이 좋은 사람 같다"라는 겸손한 고백을 했습니다. 성공한 사람들은 과거를 이야기하면서 대부분 운을 이야기합니다. 진짜 운만이 성공 요인일까요?

좋아하는 말이 있습니다. "복권에 당첨되려면 복권을 사야 한다." 많은 사람이 이 말을 '무엇이든 행동부터 해야 한다'는 뜻으로 해석합니다. 틀리지 않습니다. 하지만 조금 다르게 봅니다. 이 문장은 단순히 복권을 사라는 이야기가 아닙니다. 복권이 당첨될 거라는 희망과 기대가 있어야 비로소 행동할 수 있다는 뜻입니다. 희망이 있어야 손이 움직이고, 믿음과 기대가 있어야 한 걸음을 내딛게 됩니다. 모든 일이 운에 따라 결정된다고 생각한다면, 어느 누가 행동하겠습니까?

투자는 미래에 합니다. 미래를 예측해야 하는 이유입니다. 피터 틸(Peter Thiel)은 『제로 투 원』에서 "미래를 어떻게 바라보는가?"를 인류 발전의 핵심 질문으로 제시합니다. 그는 미래를 단순히 운으로 보는 사람은 결국 아무 행동도 하지 않게 된다고 말합니다. 미래를 설계 가능하고 예측할 수 있으며, 현재로부터 바꿀 수 있다고 보는 낙관적인 시각만이 행동을 촉발시킵니다. 기업가가 혁신을 믿으며 창업하고 투자자가 미래 성장을 믿고 투자할 때, 개인이 스스로의 가능성을 믿고 도전할 때 세상은 설계 가능하고 더 나은 미래로 나아갈 수 있습니다.

많은 분들이 이 책을 통해 낙관적이고도 명확한 희망을 갖기를 바랍니다. 희망은 행동으로 이어지고 미래를 바꿀 수 있습니다. 그 출발점에 주식투자가 있습니다. 그런데 주식투자를 하기만 하면 미래를 바꿀 수 있을까요?

사마천의 『사기』에 이런 구절이 있습니다. "창고가 가득해야 예절을 알고, 먹고 입을 것이 넉넉해야 영예와 치욕을 안다. 예(禮)는 재산이 있는 곳에서 생겨나고 없는 데서는 사라진다. 부유해야 인의를 따른다."

지금으로부터 2,000년 전에 쓰인 글입니다. 지금 대한민국은 얼마나 다를까 생각해봅니다. 먹고살 만해야 목소리를 낼 수 있고, 자산이 있어야 부당한 권력에 맞설 힘이 생깁니다. 그래서 진보적 가치와 철학을 가진 사람들이 돈을 벌어야 합니다. 그래야 세상은 더 좋아질 수 있습니다. 더 나은 진짜 대한민국을 만들려면, 진보가 돈을 벌어야 합니다.

『진보를 위한 주식투자』는 단순한 투자 지침서가 아닙니다. 진보가 주식투자를 통해 돈을 벌고 더 좋은 세상을 만들면 좋겠다는 생각으로 책을 썼습니다. 진보적인 가치와 철학을 바탕으로 어떻게 주식투자를 통해 돈을 벌고 세상을 바꿀 수 있는지를 이야기합니다. 특히 주식투자를 처음 하는 분들을 위해 주식의 기본부터 투자 방법, 주식시장을 읽는 법, 그리고 위험을 관리하는 방법까지 설명합니다. 그리고 기업 분석, 장기투자 전략과 주주로서의 권리 행사 방법까지 다룹니다.

일부 진보 지식인이라고 칭하는 사람들이 주식투자를 불로소득이라고 말하고 있습니다. 돈 이야기를 그만하라고 합니다. 부자라는 천한 단어를 쓰지 말라고 이야기합니다. 그러나 단순히 돈을 벌자는 이야기가 아닙니다. 돈은 수단일 뿐입니다. 돈을 벌어, 부자가 되어 세상을 바꾸자는 이야기입니다. 돈 자체가 목표가 아니라 목표를 이루기 위한 수단과 방법이 될 수 있다고 믿습니다. 그리고 행동하려면 미래가 명확해야 합니다. 명확한 미래를 이야기하려고 합니다.

단순한 투자를 넘어 주식투자로 대한민국이 바뀔 수 있다는 믿음이 있습니다. 세상을 바꾸는 힘은 멀리 있지 않습니다. 바로 여러분의 마음과 결심, 그리고 어쩌면 오늘 시작하는 첫 주식투자에서 출발할 수도 있습니다.

진보가 부자가 되면 좋겠습니다. 아니, 부자로 남았으면 좋겠습니다. 그래야 세상을 바꿀 수 있습니다. 진보를 위한 주식투자, 이제 시작합니다.

대한민국, 모두를 위해 제안합니다.

이제는 행동해야 할 때입니다. 대한민국 경제는 여전히 강하지만, 성장은 불확실하고 배분은 공정하지 못합니다. 노동소득만으로는 자산을 축적하기 어려운 시대, 금리와 환율이 불안정한 시대, 미래의 불확실성이 커지는 시대에 우리에게는 새로운 돌파구가 필요합니다. 그 해답 중 하나가 주식시장입니다. 주식시장은 단순한 돈의 장이 아니라 국민이 경제에 직접 참여하는 공간, 기업의 성과가 사회 전체로 확산되는 경제 민주주의의 무대가 될 것입니다.

여러분, 주식투자를 시작하십시오. 한국 기업에 투자해야 합니다. 한국 주식시장은 오랫동안 저평가되어 왔습니다. 글로벌 기업과 비교하면 기업가치와 자산가치가 절반 수준에 머무르고 있습니다. 하지만 변화가 시작되었습니다. 상법 개정과 기업 지배구조 개선이 본격화되고, 시장의 체질이 바뀌고 있습니다. 제도 개혁은 '코리아 디스카운트'를 해소하는 첫걸음입니다.

이제 국민이 참여해야 합니다. 많은 국민이 함께 투자할 때, 주식시장은 부유층의 자산 축적 수단을 넘어 모두가 성장에 참여하는 공동의 장(場)으로 바뀔 수 있습니다.

물론 시장에는 불확실성이 존재합니다. 주가가 상승하지 않을 수도, 하락할 수도 있습니다. 그래서 더욱 중요합니다. 원칙이 있는 투자, 지속 가능한 투자를 해야 합니다. 합리적 소비에서 시작해 꾸준한 투자 습관을 이어가면 누구나 자산이 증가하는 경험을 할 수 있습니다. 그 자산은 다시 소비와 투자로 이어져 국가 경제를 성장시키는 선순환의 출발이 될 것입니다.

돌이켜보면, 늦었다고 생각했을 때가 가장 빠른 시점이었습니다. 지금이 바로 그때입니다. 이제는 생각이 아니라 행동할 시간입니다.

한국 기업에도 요청합니다. 주주는 회사의 적(賊)이 아닙니다. 주식회사는 주주가 모여 만든 공동체이며, 주주는 회사의 주인이자 가장 든든한 동반자입니다. 주주의 비판을 경영 방해로 여긴다면 상장(上場)을 유지할 이유가 없습니다. 지금까지 계속해온 창업주 일가나 소수 지분 중심의 경영은 더 이상 기업의 성장을 이끌지 못합니다.

세상이 바뀌고 있습니다. 이제는 돈을 쌓아두는 경영에서 벗어나야 합니다. 적극적으로 투자하고, 주주와 함께 기업가치를 높이는 주주친화적 경영으로 전환해야 합니다. 가장 먼저 변화를 선택한 기업이 가장 크게 성장할 것입니다. 그것이 시대의 흐름입니다.

정부와 국회 역시 주식시장 개혁에 더 적극적으로 나서야 합니다. 아니, 개혁을 넘어 '혁신'을 만들어야 합니다. 개혁은 과거를 바로잡는 일이고, 혁신은 미래를 새롭게 여는 일입니다.

이제는 단순히 '주식시장 정상화'를 넘어 'K-주식'이라는 새로운 브랜드를 만들어야 합니다. 영화나 음악에서 'K-콘텐츠'가 세계를 놀라게 했듯, 이제는 'K-주식'이 세계 자본시장의 신뢰를 얻는 시대를 열어야 합니다.

반드시 기억해야 할 점이 있습니다. 주식시장이 상승하면 경제적 격차는 더 커질 수도 있습니다. 부자는 더 많은 주식을 가지고 있고, 그 상승의 과실이 공평하게 나누어지지 않는다면 주식시장 성장은 또 다른 불평등이 될 수 있습니다. 그래서 국가가 해야 할 일이 있습니다. 일반 국민이 주식투자에 참여할 수 있도록 세제 혜택을 강화하고, 국민연금이 한국 주식 비중을 확대해 국민이 함께 부를 나누는 구조를 만들어야 합니다. 그리고 주식투자를 포함해 경제활동 교육에도 적극적으로 나서야 합니다.

주식시장은 이제 선택이 아니라 공동의 미래입니다. 국민과 기업, 그리고 정부가 서로를 경쟁자가 아니라 협력의 동반자로 바라볼 때 주식시장은 단순한 숫자의 공간이 아니라 모두를 위한 대한민국의 성장 엔진이 될 것입니다.

서로 싸우지 말고, 함께 성장합시다. 기업은 주주를 존중하고, 주주는 기업을 지지하며, 정부는 공정한 제도를 만들 때 대한민국은 진정한 의미의 '모두를 위한 시장'을 갖게 될 것입니다. 이것이 제가 제안하는 주식시장을 통한 '대한민국의 새로운 진보'입니다.

목차

서문 세상을 바꿀 수 있습니다   004

1장
진보, 주식투자가 필요하다

- 진보의 기회   021
- 주식투자, 진보 가치를 만나다   025
- 주식투자는 포지티브섬이다   029
- 진짜 대한민국, 왜 주식투자가 필요한가?   032
- 확실한 미래에 투자해야 한다   035
- 주식투자를 위한 변명   039

2장
다시 Buy Korea

- 코리아 프리미엄   047
- 코리아 디스카운트, 진짜 이유를 묻다   052
- 코리아 프리미엄, 가능성을 찾다   058
- 상법 개정, 시작된 변화   062
- 한국 기업은 프리미엄을 받을 자격이 있다   069
- 이재명 대통령과 함께하는 주식투자   075

3장
주식투자, 어떻게 할 것인가?

- 주식투자란 무엇인가?   089
- 투자는 왜 필요한가?   094
- 투자는 사람이 한다   097

다른 사람들이 좋아하는 주식을 찾아라	103
주가가 상승하는 회사를 찾아라	108
변화에 맞는 주식을 찾아라	113
저평가된 주식을 찾아라	119
가격이 가치보다 싼 주식을 찾아라	125
배당이 증가할 수 있는 회사를 찾아라	146
어떻게 사고팔 것인가?	152
기댓값이 기준이다	156
주식투자 성공은 '방법'에서 출발한다	161
결괏값을 바꿔라	166
손실을 최소한으로 줄여라	170
이익을 최대한 늘려야 한다	177
감정이 만든 투자, 그리고 무너진 원칙	185
주식을 사려고 할 때	188
주식을 팔려고 할 때	196
투자 루틴을 만들어라	203

4장
미래를 향해 행동하라

진보의 방향	219
돈과 투자의 미래	222
대한민국, 수직적 진보를 꿈꾸며	228
나, 가족 그리고 우리를 위한 투자	237
경제활동 교육이 필요하다	245
맺음말 미래를 꿈꾸는 투자자에게	255

1장

Stock
Investing
for
Progress

진보,
주식투자가
필요하다

진보의
기회

 모든 행동은 마음과 생각에서 시작됩니다. 아침에 잠을 깨우는 것은 요란한 알람 시계가 아닙니다. '일어나야 한다'는 마음이 사람을 깨웁니다. 학교 가는 날에는 아무리 깨워도 안 일어나던 아이가, 소풍 가는 날에는 깨우지 않아도 새벽부터 일어납니다. 생각과 마음이 먼저입니다.

 주식투자도 마찬가지입니다. 행동 이전에, 먼저 마음을 바꾸고 생각을 다듬는 일이 필요합니다.

 "왜 주식투자를 해야 하는가?"

 이 질문에 대한 답이 생각을 바꾸고 변화를 만드는 출발점이 될 수 있습니다.

그런데 단순히 "돈을 벌기 위해서"라고 답한다면 그 행동은 오래 가지 못합니다. 돈을 벌기 위해서라고 답하면서 '진보'와 주식투자를 함께 이야기하면 왠지 불편하게 느껴질 수도 있습니다. 주식투자가 불로소득이라고 생각하면 진보적 가치와는 어긋나는 것처럼 보이기 때문입니다. 하지만 정말 그럴까요? 진보와 주식투자는 공존할 수 없을까요?

'진보(進步, Progress)'란 말은 단어 그대로 '앞으로 나아 감'을 뜻합니다. 멈춰 있지 않고, 더 나은 세상을 향해 한 걸음씩 나아가는 것, 그것이 진보입니다. 진보는 좌우의 문제가 아닙니다. 본질은 인간과 사회가 더 공평하고 풍요로운 방향으로 발전하기를 바라는 마음입니다. 과거보다 더 나은 내일을 믿고, 믿음을 행동으로 옮기는 것이 진보입니다.

철학자 존 듀이(John Dewey)는 "진보란 완성된 상태가 아니라 더 나은 상태를 향해 나아가는 과정"이라고 말했습니다. 진보는 이념이 아니라 행동입니다. 그렇다면 경제의 영역에서 진보가 나아가야 할 행동 방향은 무엇일까요? 단순히 분배를 늘리고 복지를 확충하는 것만으로 충분할까요? 물론 그것도 중요합니다. 그러나 지속 가능한 진보를 위해서는 새로운 부의 창출, 즉 경제적 기반의 확장이 필요합니다. 성장 없는 분배는 오래가지 못합니다. 세금을 통해 나누는 사회도 결국은 누군가의 창의와 성과, 그리고 투자로부터 출발합니다. 존

F. 케네디가 말했습니다. "조류가 밀려오면 모든 배가 함께 뜬다." 경제성장은 결국 모두의 삶을 끌어올리는 기반이 됩니다. 다만 성장이 공정하게 공유되고 분배될 때 비로소 진보 가치가 실현됩니다.

여기서 '주식투자'가 등장합니다. 주식투자는 자본주의에서 가장 민주적인 제도입니다. 소수 자본가만이 아닌, 누구나 기업의 주인이 될 수 있는 길이기 때문입니다. 노동자가, 교사가, 간호사가, 퇴직자가 모두 자신이 믿는 기업의 주주가 되어 함께 성장의 과실을 나눌 수 있습니다. 이보다 더 '진보적'인 자본의 분산이 있을까요?

워런 버핏은 "나는 자본주의의 참가자이지, 관찰자가 아니다"라고 말했습니다. 진보 역시 경제의 참가자가 되어야 합니다. 시장 밖에서 비판만 하는 것으로는 세상을 바꿀 수 없습니다. 시장 안으로 들어가 그 구조를 더 공정하게 만드는 것이 진보의 실천입니다.

주식투자는 '돈 놓고 돈 먹기'의 게임이 아닙니다. 그것은 미래에 대한 믿음을 행동으로 옮기는 일입니다. 어떤 기업이 세상을 더 좋게 만들 것인가, 어떤 산업이 인류의 문제를 해결할 것인가를 고민하고, 그 변화의 일부가 되겠다고 결심하는 것입니다. 단기 투기와는 전혀 다른 세계입니다.

진보가 주식투자를 외면한다면, 자본의 흐름은 결국 다른 쪽으로 기울게 됩니다. 기업의 방향은 투자자가 결정합니다. 만약 진보적 시민이 투자에서 손을 뗀다면, 진보의 가치가 반영된 기업 경영은 불가능해집니다. 진보가 주주가 되어야 진보의 가치가 시장에 반영됩니다. 진보가 주주가 되어야 합니다. 그래야 진보의 가치가 기업의 지배구조와 경영 방향 속에 녹아들 수 있습니다. 노동 존중, 환경, 사회적 책임, 투명한 경영, 이 모든 것은 주주가 요구할 때 비로소 현실이 됩니다.

따라서 '진보의 주식투자'는 단순히 돈을 벌자는 이야기가 아닙니다. 그것은 경제민주화의 새로운 단계이며, 자본주의 안에서 진보의 가치를 실천하는 가장 현실적인 방법입니다. 불평등을 완화하고, 더 많은 사람이 기업의 성장에 동참하게 만드는, 진보의 다음 여정입니다.

이제 질문은 달라져야 합니다. "진보가 왜 주식투자를 해야 하는가?"에서 "진보가 어떻게 주식투자를 통해 세상을 바꿀 것인가?"로. 마음을 바꾸고, 생각을 다듬고, 행동으로 나아가는….

그래서 진보, 주식투자가 필요합니다.

주식투자,
진보 가치를 만나다

　주식투자와 관련된 실험이 많습니다. 그중에서 가장 흥미로운 실험이 있습니다. 바로 '투자 전문가와 고양이의 투자 대결'입니다.

　2012년 영국 주간지 《옵서버》는 펀드매니저와 고등학생들, 그리고 특별한 참가자들 사이에 독특한 투자 실험을 진행했습니다. 특별한 참가자는 다름 아닌 올랜도라는 고양이였습니다. 실험 방식은 단순했습니다. 세 팀은 똑같이 5,000파운드의 가상 자산을 받아 런던 증시에 상장된 기업들 가운데 다섯 종목을 고릅니다. 펀드매니저들은 시장 전망과 보고서를 검토하고 조사한 후 종목을 선택했습니다.

　고등학생들은 교과서에서 배운 이론대로 투자 전략을 세워 포트폴리오를 구성했습니다. 반면 고양이 올랜도는 신문 위에 빽빽하게 적힌 기업 이름들 사이에 장난감 쥐를 따라가다가 멈춘 종목을 골랐습니다.

1년 뒤 결과는 모두를 놀라게 했습니다. 투자 전문가인 펀드매니저들은 5,000파운드를 5,176파운드로 불렸습니다. 주식시장 평균과 유사한 수준이었습니다. 반면 고양이 올랜드의 투자 결과는 어땠을까요? 무려 5,542파운드로 자금이 늘어났습니다. 1년 동안 수익률이 10%가 넘었습니다. 투자를 배웠던 학생들은 오히려 수익률이 마이너스였습니다.

많은 해석이 가능한 실험입니다. 주목하고 싶은 것은 주식투자가 공평할 수 있다는 점입니다. 투자 경험이 있고 정보가 많은 펀드매니저들의 수익률이 무작위로 투자 종목을 선택한 고양이들의 수익률보다 낮았습니다.

주식투자와 우리가 사는 현실은 다릅니다. 세상에는 불평등한 요소가 너무 많습니다. 나이와 성별, 그리고 학력과 지역에 따라서 차별이 존재합니다. 차별은 성과의 문제로 이어집니다. 성공하고 싶으면 부모를 잘 만나라는 말이 엄연한 현실인 대한민국입니다. 한국은행 분석에 따르면 상위권 대학 진학 요인의 75%가 부모의 경제력입니다. 2023년 기준 고등학생 1인당 월평균 사교육비는 월 소득 800만 원 이상 고소득층의 경우 97만 원으로, 월 소득 200만 원 미만 저소득층의 사교육비 38만 원과 비교하면 2.6배 높았습니다. 부자 부모를 만나면 사교육을 많이 받고 상위권 대학에 가고, 다시 고소득 직업으로 이어지게 됩니다.

진학과 직업에 국한된 이야기가 아닙니다. 자산시장에서도 불평등이 존재합니다. 2025년 3월 서울 서초구 반포 래미안 원베일리 $84m^2$ 아파트가 59억 원 최고가 수준에서 매매되었습니다. 아파트를 매수한 사람은 무려 27억 원을 은행에서 대출받았습니다. 대출은 어떻게 받았을까요? 소득이 많기 때문에 대출을 더 많이 받고 고가 아파트를 매수할 수 있었습니다. 강남을 중심으로 아파트 가격 상승세가 지속된다면 또 다른 격차가 발생할 것입니다. 서울 아파트 매매 중에서 30% 이상은 부모로부터 자녀에게 증여되고 있습니다. 부모 자산이 자녀의 출발점이 되고 학교, 사회, 직장 그리고 부동산 시장에서도 불평등은 점점 고착화되어 가고 있는 대한민국 현실입니다.

반면 주식시장은 어떨까요? 돈이 많다고, 부모를 잘 만났다고 주식투자수익률이 달라질까요? 투자를 많이 한다고, 고소득자라고 해서 주식을 통해 돈을 많이 벌 수 있을까요? 피터 린치(Peter Lynch), 레이 달리오(Ray Dalio), 마리오 가벨리(Mario Gabelli)는 미국에서 주식투자로 크게 성공했습니다. 이들의 공통점은 골프 캐디 경험이 있다는 것입니다. 가정 형편이 좋지 않았고 어린 시절부터 캐디 일을 했지만 주식투자로 성공했습니다. 주식투자의 현인이라고 불리는 워런 버핏은 신문 배달, 껌 판매와 같은 아르바이트를 하면서 돈을 모아 처음 주식투자를 시작했습니다.

주식투자에서 희망을 갖는 이유입니다. 절대적이지는 않지만 상대적으로 주식투자는 다른 분야보다 불평등 요소가 가장 적습니다. 정보를 이용하거나 주가 조작 등이 없다면 주식투자의 성과는 공정할 수 있습니다. 더 중요한 것은 기회의 공정성입니다. 주식투자에서 성별, 나이, 학력 그리고 지역을 따지지 않습니다. 누구나 적은 자금으로도 손쉽게 투자할 수 있습니다. 투자금과 주식투자수익률은 인과관계가 없습니다. 즉, 돈이 많다고 주식투자에 반드시 성공하는 것은 아닙니다. 진보 가치가 공평하고 공정한 기회에 있다면, 주식투자는 진보 가치에 가장 부합하는 경제활동입니다.

주식투자는
포지티브섬이다

　많은 사람들은 주식투자를 제로섬 게임(Zero-sum Game)이라고 생각합니다. 누군가 이익을 얻으면 반드시 누군가는 손실을 본다는 직관적인 믿음을 가지고 있기 때문입니다. 하지만 행동경제학자이자 법학자인 에릭 엥글(Eric Engle)이 지적한 바와 같이 일종의 '제로섬 환상'에 불과할 수 있습니다.

　엥글은 그의 논문 「The Stock Market as a Game」에서 주식시장을 단순히 승자와 패자로 구분되는 경쟁적 구도로 해석하는 것은 잘못이라고 지적합니다. 그는 절대적 관점에서 주식시장은 제로섬보다 포지티브섬 게임(Positive-sum Game), 즉 모두가 이익을 볼 수 있는 시장이라고 설명합니다. 다만 상대적 관점, 예컨대 '누가 시장 평균보다 더 높은 수익을 냈는가를 따지는 비교'에서는 마치 제로섬처럼 보일 수 있습니다.

주식시장이 제로섬이 아니라 모두가 이익을 낼 수 있는 시장인 이유가 있습니다. 주식시장은 단순한 돈의 교환이 아니라 기업 성장과 경제 발전이 반영되는 장이기 때문입니다. 삼성전자나 애플을 생각해보면 이해하기 쉽습니다. 10년 전보다 애플의 시가총액은 3조 달러 가깝게 증가했고, 삼성전자 주가는 3.4배 상승했습니다. 주가가 상승하는 기간 동안 장기투자자들은 모두 수익을 얻었습니다. 누군가의 손실이나 손해로 얻은 이익이 아니라 기업이 창출한 새로운 성장에서 얻은 가치입니다.

주식투자는 도박과 다릅니다. 도박을 다룬 영화 〈타짜〉에 나오는 대사입니다. "돈이라는 게 말이야. 독기가 세거든." 도박은 독기가 있어 누군가가 돈을 잃어야 다른 누군가가 돈을 벌 수 있는 구조입니다. 그러나 주식투자는 그렇지 않습니다. 기업과 경제가 성장하고 발전하면 주가가 상승하고 주식시장이 커지면서 많은 투자자들이 함께 이익을 얻을 수 있습니다. 주식투자에는 독이 없습니다.

주식시장이 포지티브섬이라는 것은 진보적인 가치에 부합합니다. 함께 잘살 수 있다는 것, 누군가의 눈물이 아니라 함께 웃으면서 성장하고 발전할 수 있다는 점, 주식투자가 진보적 가치에 가까울 수 있다는 생각입니다.

공평하고 공정한 시장, 모두 다 함께 좋아지는 투자. 주식투자가 진보적 가치에 가장 부합하는 시장, 그리고 투자라고 생각합니다. 여러분은 어떻게 생각하시나요? 진보는 기업과 자본의 문제를 비판하는 데서 멈춰야 할까요, 아니면 그 안으로 들어가 직접 바꾸는 쪽을 선택해야 할까요?

진보는 시장을 외면하지 않습니다. 시장 속에서 공정함을 키우고, 자본 속에서 사람의 가치를 지키는 것. 그 길의 출발점이 바로 주식투자입니다.

진짜 대한민국,
왜 주식투자가 필요한가?

대한민국이 직면한 가장 큰 경제적 문제는 저성장입니다. 그 원인은 명확합니다. 고령화와 인구 감소입니다. 하지만 이 두 가지는 단순한 인구 통계의 변화가 아닙니다. 국가의 성장 구조를 근본적으로 바꾸는 구조적 전환입니다. 인구가 줄면 노동력이 줄고, 소비가 위축됩니다. 기업은 투자를 미루고, 새로운 산업의 성장 속도는 느려집니다. 이렇게 생산과 소비의 선순환이 멈추면 경제 전체의 활력이 떨어집니다. 더 이상 과거처럼 '열심히 일하면 잘살 수 있다'는 공식이 통하지 않을 수도 있습니다.

1980년대 우리나라의 실질 GDP 성장률은 연평균 9%에 달했습니다. 고도성장의 시기였습니다. 그러나 1990년대에는 7%, 2000년대에는 4%, 2010년대에는 2%로 내려왔습니다. 그리고 2020년대에 들어서면서 1%대 성장률이 일상이 되었습니다. 성장률이 9%에서 1%로 떨어졌다는 것은 단순한 숫자의 문제가 아닙니다. 복리의 차이는 시간이 지날수록 큰 격차를 만듭니다. 1인당 GDP가 1,000달러일 때 연 9% 성장하면 5년 후 1,539달러가 됩니다. 하지만 연 1% 성장이라면 5년 후 1,051달러에 불과합니다. 같은 기간 동안 약 10배의 성장 차이가 나는 셈입니다. 성장률 하락이 얼마나 큰 의미를 가지는지 보여주는 단적인 예입니다.

저성장은 단순히 경제성장 둔화가 아니라 사회의 활력을 잃는 과정입니다. 성장의 둔화는 기회의 축소로 이어지고, 기회의 축소는 사회적 불안과 불평등을 심화시킵니다. 사람들은 점점 미래를 낙관하지 못하게 됩니다. 경제는 심리의 산물이라는 말처럼, 믿음이 사라지면 투자가 줄고, 투자가 줄면 성장은 더욱 멈춥니다.

이 악순환을 어떻게 끊을 수 있을까요? 답은 '미래를 보는 태도'에서 시작됩니다. 미래에는 두 가지 종류가 있습니다. 하나는 불확실한 미래이고, 다른 하나는 확실한 미래입니다. 불확실한 미래는 예측할 수 없는 영역입니다. 아무도 정답을 모릅니다. 1903년 10월 9일자 《뉴욕타임스》는 이렇게 썼습니다. "비행기가 발명되려면 최소 100만 년에서 1,000만 년은 걸릴 것이다." 그런데 불과 69일 뒤, 라이트 형제는 인류 최초로 하늘을 날았습니다. 세상의 변화는 언제나 예측을 비웃듯 일어났습니다.

하지만 또 다른 미래가 있습니다. 변하지 않는 미래입니다. 아마존의 창업자 제프 베조스는 이렇게 말했습니다. "사람들은 언제나 저에게 묻습니다. '제프, 10년 뒤 세상은 어떻게 변할까요?' 하지만 저는 잘 모릅니다. 대신 10년 후에도 변하지 않을 것이 무엇인지는 압니다. 사람들은 앞으로도 빠른 배송, 더 많은 선택, 더 낮은 가격을 원할 것입니다." 그는 변화를 예측하려 하지 않았습니다. 대신 변하지 않을 본질에 집중했습니다. 바로 그 관점이 작은 온라인 서점을 세계 최대의 기업으로 키워냈습니다.

결국 선택은 여기에 있습니다. 불확실한 미래를 두려워하며 움츠러들 것인가, 아니면 변하지 않을 미래에 집중하며 행동할 것인가? 미국의 벤처투자자 피터 틸은 이렇게 말했습니다. "미래를 불확실하게 보는 사회는 현금을 쌓는다. 반면 미래를 명확하게 보는 사회는 투자한다." 지금의 대한민국은 전자에 가깝습니다. 한국의 상장기업들이 보유한 현금성 자산은 사상 최대 규모입니다. 기업은 투자보다 보유를 택하고, 정부와 가계, 투자자들은 모두 불확실성을 이유로 돈을 움켜쥐고 부동산으로 몰려가고 있습니다. 하지만 미래를 바꾸는 것은 두려움이 아니라 확신입니다.

확실한 미래에
투자해야 한다

　불확실한 미래를 두려워하지 않고, 확실한 미래에 투자하는 것. 그것이 지금 우리가 해야 할 일입니다. 주식투자는 그 첫걸음입니다. 주식투자는 단순히 돈을 불리는 일이 아닙니다. 우리 사회가 어떤 가치에 자본을 배분할지, 어떤 산업에 힘을 실어줄지를 결정하는 집단적 선택의 행위입니다. 진보가 미래를 바꾸고 싶다면 시장의 주체로 서야 합니다. 주식투자는 미래에 대한 두려움을 확신으로 바꾸는 가장 현실적이고, 동시에 가장 진보적인 행동입니다.

　경제학적으로도 그 이유는 분명합니다. 한 나라의 잠재성장률은 노동, 자본, 생산성 세 가지 요인으로 결정됩니다. 그러나 인구가 줄고 근로시간이 감소하는 시대에 노동 투입 증가를 기대하기는 어렵습니다. 그렇다면 자본 축적과 생산성 향상이 성장의 핵심입니다. 자본 축적은 결국 투자입니다. 기업이 설비를 늘리고 인프라를 확충해야 하며, 그 위에 기술혁신을 통한 생산성 향상이 더해져야 합니다. 성장은 돈이 많다고 저절로 일어나지 않습니다. 성장의 핵심은 '돈이 어떻게 쓰이느냐'에 달려 있습니다.

그런 의미에서 주식투자는 개인의 자산 운용을 넘어 국가의 성장 구조를 복원하는 참여 행위입니다. 기업이 새로운 기술에 투자하고 연구개발(R&D)을 확장하며 인재를 채용하려면 자금이 필요합니다. 그 자금의 원천이 바로 주식시장입니다. 누군가의 투자 결단이 기업의 혁신으로 이어지고, 그 혁신이 생산성 향상으로 이어집니다. 이 순환이 작동해야 경제의 잠재성장률이 높아집니다.

대한민국의 잠재성장률을 높일 수 있는 핵심 요소는 '투자'입니다. 그것이 정부의 재정이든, 기업의 설비투자이든, 개인의 주식투자이든 상관없습니다. 중요한 것은 돈이 움직이느냐, 멈춰 있느냐 하는 것입니다. 지금 우리 사회는 두려움 속에 멈춰 있습니다. 하지만 성장은 기다린다고 오는 것이 아닙니다. 투자를 통해 만들어가는 것입니다.

이 점에서 미국의 401(k) 제도는 시사점이 큽니다. 401(k)는 1978년 도입된 퇴직연금형 투자제도로, 근로자가 매달 급여의 일부를 주식이나 채권에 투자하고 그 수익을 노후 자산으로 축적하도록 만든 제도입니다. 단순한 연금이 아니라 '국민을 투자자로 만든 제도'였습니다. 1980년대만 해도 미국 가계의 금융자산 중 주식 비중은 15% 수준이었지만, 401(k)가 정착된 이후 2000년대에는 40%를 넘어섰습니다. 노동자들이 주식시장을 통해 기업의 성장을 공유했고, 그 결과 미국 가계의 부는 경제성장과 함께 커졌습니다. 오늘날 미국 자본시장의 깊이와 규모는 정부의 직접 개입이 아니라, 시민이 투자에 참여하도록 설계된 제도적 기반에서 나온 결과였습니다.

401(k)는 단순한 노후 대비 수단이 아니었습니다. 국가 경제 전체의 잠재성장률을 끌어올린 사회적 투자 구조였습니다. 기업은 안정적으로 자금을 조달했고, 근로자는 노동소득 외에 자본소득을 얻었으며, 시장은 혁신과 재투자를 이어갔습니다. 미국의 장기 성장 동력은 바로 이 투자 시민화 시스템에서 비롯된 것입니다.

이제 진보가 해야 할 일은 명확합니다. 투자를 두려워하지 말고, 그 방향을 사회 전체의 성장으로 돌려야 합니다. 기업의 성장이 국민의 성장으로 이어지는 구조를 만드는 것, 그것이 진보적 자본주의의 길입니다.

국가의 문제는 곧 개인의 문제이기도 합니다. 저성장 시대는 개인에게도 커다란 도전을 던집니다. 과거에는 노동소득만으로도 삶의 질을 개선할 수 있었습니다. 경제가 성장하고 임금이 오르며 부동산 가격이 상승하던 시기에는 '노력하면 나아질 수 있다'는 믿음이 있었습니다. 그러나 성장률이 1%대에 머무는 시대에는 노동소득만으로 부를 축적하기 어렵습니다. 소득은 정체되고 물가는 오르며 자산 가격은 양극화됩니다. 노동소득만으로는 불안한 미래를 피할 수 없습니다. 이제는 자본소득이 필요합니다.

돈이 일하게 만들어야 합니다. 그 방법 중 가장 합리적이고 지속 가능한 길이 주식투자입니다. 주식투자는 부자의 특권이 아닙니다. 기업의 주주로 참여해 성장의 과실을 함께 나누는 민주적 제도입니다. 노동소득이 줄어드는 시대에 자본소득을 통해 삶의 안정과 기회를 확보하는 것은 개인의 미래 대비이자 사회 전체의 부의 분산을 의미합니다.

결국 국가가 투자로 성장하듯, 개인도 투자로 미래를 준비해야 합니다. 주식투자는 미래에 대한 투표입니다. 불확실한 시대일수록 변하지 않는 가치를 믿고 행동하는 사람에게 미래는 더 큰 보상으로 돌아옵니다. 진보가 시장을 외면하지 말아야 하는 이유, 그리고 우리가 주식투자를 이야기해야 하는 이유가 여기에 있습니다. 투자 없는 진보는 오래가지 못합니다. 주식투자는 진짜 대한민국의 성장, 그리고 진보의 지속성을 위한 가장 현실적인 해답입니다.

주식투자를 위한
변명

 돈을 벌기 위해 주식투자를 합니다. 그렇게 말하면 어떤 사람들은 고개를 젓습니다. "그건 너무 세속적인 일 아니냐", "지금은 더 높은 이상을 이야기해야 한다"는 식으로 말이지요. 하지만 곰곰이 생각해보면 다시 묻게 됩니다. 돈을 벌기 위해 투자한다는 것이 왜 비난받아야 할 일입니까? 돈을 번다는 것은 단순한 욕망이 아니라 삶을 더 낫게 만들기 위한 인간의 본능이고, 사회의 에너지를 움직이는 힘이기도 합니다.

 주식투자는 결코 '돈놀이'가 아닙니다. 주식은 자본주의를 움직이는 핵심 시스템입니다. 주식의 뿌리를 이해하기 위해서는 먼저 주식회사의 탄생을 돌아봐야 합니다. 세계 최초의 주식회사는 1602년

네덜란드 동인도회사였습니다. 이 회사는 인도와 아시아로 향하는 무역선단을 만들기 위해 거대한 자금을 모았습니다. 흥미로운 점은 투자금을 왕이나 귀족에게만 받은 것이 아니라 일반 시민들로부터도 모집했다는 것입니다. 기록에 따르면 무려 1,143명의 평범한 시민이 투자에 참여했습니다.

그 시기만 해도 무역은 목숨을 건 일이었습니다. 한 척의 배가 침몰하면 모든 재산이 사라졌습니다. 15세기 지중해 무역에서도 부유한 상인 몇 명이 개인 자산을 걸고 항해에 나섰지만, 폭풍과 해적을 만나 파산하는 일이 흔했습니다. 이런 극단적인 위험 속에서 등장한 해결책이 바로 '주식회사'였습니다. 위험을 소수가 아닌 다수가 나누고, 이익도 공정하게 배분하는 제도였습니다. 주식회사는 위험을 분산시켜 더 큰 도전을 가능하게 만든 인간의 발명품이었습니다. 인류의 경제사는 곧 '위험을 어떻게 나누었는가'의 역사라고 할 수 있습니다.

주식회사의 진정한 가치는 19세기 미국에서 꽃을 피웁니다. 당시 미국은 철도 건설, 석유 개발, 산업화 같은 거대한 프로젝트를 추진하고 있었습니다. 개인이나 소수 자본으로는 감당할 수 없는 규모였습니다. 정부는 철도 건설을 위해 주식과 채권을 발행해 국민으로부터 투자금을 모았습니다. 주식회사는 단순한 기업 형태가 아니라, 국가 인프라를 구축하고 산업 성장을 이끄는 핵심 도구가 되었습니다.

주식회사 제도는 원래 네덜란드와 영국에서 먼저 시작되었지만, 진정한 대중화는 미국에서 이루어졌습니다. 그 이유는 제도의 개혁에 있었습니다. 영국은 19세기 초까지만 해도 회사를 설립하려면 의회의 특별 허가가 필요했습니다. 귀족과 정치권에 가까운 일부만이 회사를 세울 수 있었습니다. 그러나 1811년, 뉴욕주는 세계 최초로 '일반회사법(General Incorporation Law)'을 제정합니다. 일정한 조건만 충족하면 누구나 정부의 허가 없이 회사를 세울 수 있게 되었습니다. 회사 설립이 특권이 아닌 권리가 된 것입니다.

또 하나의 혁신은 '유한책임제(Limited Liability)'였습니다. 주주는 자신이 투자한 금액만큼만 책임을 지고, 그 이상은 부담하지 않는 제도였습니다. 투자자가 무한책임을 지던 시절에는 한 번의 실패가 인생 전체를 무너뜨렸지만, 유한책임 제도는 위험을 감당 가능한 수준으로 낮추었습니다. 그 결과 더 많은 사람이 주식투자에 참여할 수 있게 되었습니다.

일반회사법과 유한책임제, 두 제도가 미국 자본주의의 기초를 만들었습니다. 19세기 후반, 철도·철강·석유·금융 같은 대규모 자본이 필요한 산업들이 폭발적으로 성장합니다. 철도 산업은 주식회사를 통해 대규모 자금을 조달할 수 있었고, 이는 미국 산업화를 이끄는 혈관이 되었습니다. 카네기의 철강회사, 록펠러의 스탠더드오일, J.P. 모건의 금융제국, 포드의 자동차 산업까지 이들은 모두 주식회사라는 제도 덕분에 대규모 투자를 이끌어내고 혁신을 지속할 수 있었습니다.

주식투자로 자본주의 문이 더 넓게 열렸습니다. 주식회사는 단지 돈을 모으는 수단이 아니었습니다. 혁신을 촉진하고, 위험을 나누며, 더 많은 사람에게 경제적 기회를 나누는 제도였습니다. 자본주의의 발전은 주식회사의 발전과 함께 이루어졌습니다.

무엇보다 주식회사는 자본의 민주화를 이뤄냈습니다. 누구나 회사를 세울 수 있고, 누구나 투자자가 될 수 있는 세상. 과거에는 부자나 권력자만이 투자에 참여할 수 있었지만, 주식회사의 발명은 자본의 문을 일반 시민에게까지 열어주었습니다. 주식이 거래소에서 자유롭게 거래되면서 사람들은 노동자가 아니라 '소액 자본가'로서 기업의 성장을 공유할 수 있게 되었습니다. 이것은 경제민주주의의 출발이었습니다.

주식투자는 불로소득이 아닙니다. 기업이 성장하도록 자본을 공급하고, 그 성과를 함께 나누는 참여 행위입니다. 인류는 주식을 통해 위험을 나누고 자본을 모으며 새로운 산업과 혁신을 만들어냈습니다. 주식투자는 단순히 개인의 부를 쌓는 일이 아니라, 사회 전체의 성장 구조를 지탱하는 활동입니다.

물론 돈을 벌고 싶은 마음은 인간의 자연스러운 욕망입니다. 더 나은 삶을 만들고 싶은 의지이기도 합니다. 주식투자는 개인의 부를 위한 선택이면서 동시에 사회의 발전을 위한 행동입니다. 우리가 주식투자를 할 때 단지 기업의 주주로서 배당을 기다리는 존재가 아니라, 자본주의라는 거대한 시스템을 함께 설계하는 공동 설계자가 되는 이유입니다.

돈을 벌기 위해 주식투자를 한다는 말은, 그래서 더 이상 부끄러운 변명이 아닙니다. 그것은 우리가 사는 세상의 엔진에 참여하는 선언입니다. 주식투자는 나 자신을 위한 일인 동시에, 사회를 성장시키는 가장 참여적인 행동입니다.

2장

**Stock
Investing
for
Progress**

다시
Buy
Korea

코리아
프리미엄

　　한국 주식시장에 대한 불신은 깊습니다. 불신이나 믿음은 언제나 경험에서 옵니다. 그리고 그 경험이 반복될수록 사람들의 마음속에 신념으로 쌓입니다. 2025년 3분기, 코스피 지수가 사상 처음으로 3,600선을 넘어섰습니다. 역사상 가장 높은 지수였습니다. 그런데 이상한 일이 벌어졌습니다. 주가가 오를수록 국민 투자자들이 오히려 한국 주식을 팔아치우기 시작한 것입니다. 지수가 오르는데 사람들이 떠나는 시장, 그 모습은 한국 자본시장의 현실을 상징적으로 보여줍니다.

　　이유는 단순합니다. 국민 투자자들은 이미 여러 번 상처를 받았습니다. 단기 급등락에 휘둘려 손실을 본 경험, 좋은 시점이라고 믿고 들어갔다가 깊은 손실을 본 경험, 회사의 약속을 믿었다가 배신당한 경험이 쌓이면서 마음속에는 '불신의 믿음'이 자리 잡았습니다. 그래서 사람들은 냉소적으로 말합니다. "국장 탈출은 지능순입니다." "장기투자는 미국 주식으로 해야죠. 한국 주식은 단타용이에요." "주가가 오르면 물적분할 하겠죠." 이 말들은 단순한 농담이 아니라, 경험과 현실의 반영입니다.

한국 주식시장에서 주가가 오르면 사람들은 기뻐하지 않습니다. 오히려 불안해합니다. '이번엔 또 무슨 일이 벌어질까?' '이제 유상증자 하겠지.' '물적분할 공시가 곧 나오겠군.' 의심은 불안으로, 불안은 행동으로 이어집니다. 그래서 주가가 상승하면 오히려 매도세가 강해집니다. 이것이 신뢰를 잃은 주식시장의 전형적인 모습입니다.

주식시장에 대한 불신의 상징적인 사건이 2020년 LG화학의 물적분할입니다. LG화학은 전기차 배터리 사업부를 떼어내 LG에너지솔루션을 만들었습니다. 절차는 합법적이었습니다. 하지만 내용은 공정하지 않았습니다. LG화학의 소액주주들은 전기차 배터리의 성장성을 믿고 투자했습니다. 그러나 분할 이후 모회사인 LG화학의 기업가치는 급격히 하락했습니다. 핵심 사업이 빠져나간 것입니다. 반면 대주주는 새 회사를 상장해 막대한 자금을 조달했습니다. 결과적으로 소액주주들의 자산은 줄어들었고, 대주주는 새로운 시장의 주인이 되었습니다. 법적으로는 문제없었지만, 정의 관점에서는 불공정했습니다.

LG화학 이후 시장의 심리는 완전히 바뀌었습니다. '물적분할 공포'가 퍼졌습니다. 카카오, SK, 포스코, 한화 등 주요 대기업들이 잇달아 비슷한 방식을 선택하면서 국민 투자자들의 신뢰는 더욱 무너졌습니다. 주가가 오르면 "이제 곧 분할하겠지"라는 냉소가 당연한 말이 되어버렸습니다. 실제로 그 말은 여러 번 맞아떨어졌습니다. 사람들은 기업의 성장보다 분할 가능성을 먼저 계산하기 시작했습니다.

한국 주식시장의 신뢰 위기입니다. 문제는 주가나 경기의 변동이 아닙니다. 기업 스스로가 신뢰를 잃었다는 것입니다. 그 위에 저성장과 낮은 배당, 불투명한 지배구조가 겹쳤습니다. 경제의 심장인 자본시장이 믿음을 잃은 채 돌아가고 있습니다. 신뢰라는 저수지가 말라가고 있는 것입니다.

그래서 '코리아 디스카운트'라는 말이 생겨났습니다. 한국 기업의 주가는 글로벌 경쟁력에 비해 항상 낮게 평가받습니다. 흔히 외국인 투자자들이 한국을 저평가하고 있다고 말하지만, 사실 그보다 더 근본적인 문제는 우리 스스로 한국 시장을 믿지 못한다는 점입니다. 외국인 자본의 이탈보다 더 심각한 것은 국민 투자자의 이탈입니다. 국민이 믿지 못하는 시장을 외국인이 신뢰하기란 어렵습니다.

이제 질문을 바꿔야 할 때입니다. "왜 한국 주식이 저평가되었는가?"가 아니라 "한국 주식이 프리미엄을 받을 수 있는 길은 무엇인가?"입니다. 답은 시장 바깥에서 시작될지도 모릅니다.

지금 대한민국 정부, 그리고 이재명 대통령은 코리아 디스카운트를 해소하고, 프리미엄을 이야기하고 있습니다. "저평가를 해소하고 신뢰를 회복하여 한국 자본시장을 정상화해야 한다." 대통령의 말입니다. 그의 말처럼 자본시장의 정상화는 단순한 경제정책이 아니라 사회적 신뢰를 복원하는 일입니다. 이재명 정부는 기업 배당 확대, 자사주 소각 의무화, 주주환원 강화, 상법 개정 등 일련의 개혁 조치를 추진하고 있습니다. 배당을 늘리고, 기업이 쌓아둔 현금을 돌려주며, 주주가 실질적인 권리를 행사할 수 있는 환경을 만들려는 시도입니다.

이 변화가 얼마나 실질적인 성과를 낼지는 아직 단언할 수 없습니다. 하지만 방향은 분명합니다. 한국 경제가 다시 신뢰를 회복하려면 자본이 멈추지 않고 순환해야 합니다. 그리고 그 출발점은 주식시장 정상화와 국민 투자의 확대입니다.

'국민 투자자'라는 말은 단순한 용어의 차이가 아닙니다. 이 책에서 '개미 투자자'라는 표현 대신 '국민 투자자'라는 단어를 쓰는 이유도 여기에 있습니다. 개미라는 단어에는 작고 무력하다는 의미가 담겨 있습니다. 그러나 국민 투자자는 다릅니다. 그들은 소수·소액 투자자가 아니라, 대한민국 자본시장을 움직이는 주체입니다. 그들의 신뢰가 시장을 살리고, 그들의 투자 결정이 기업의 미래를 만듭니다.

"다시 Buy Korea." 이 말은 단순한 구호가 아닙니다. 신뢰를 회복하자는 다짐이고, 대한민국 경제의 구조를 새롭게 세우자는 선언입니다. 코리아 디스카운트를 프리미엄으로 바꾸는 일, 그 시작은 시장이 아니라 국민의 믿음에서 시작됩니다. 진보가 시장을 이야기해야 하는 이유, 그리고 국민이 다시 한국 기업의 주인이 되어야 하는 이유가 바로 여기에 있습니다.

코리아 디스카운트,
진짜 이유를 묻다

한국 주식시장은 오랫동안 '저평가의 나라'라는 이름으로 불려 왔습니다. 외국인 투자자들 사이에서는 '코리아 디스카운트'라는 단어가 일종의 고유명사처럼 쓰입니다. 오랫동안 애널리스트로 일하면서 여러 나라의 투자자들을 만날 때마다 늘 물어보았습니다. "한국 주식시장이 저평가된 이유가 뭐라고 생각하십니까?" 그들은 놀랍도록 비슷한 대답을 내놓았습니다. "한국 사람들이 한국 주식을 사지 않기 때문입니다." 한국인조차 신뢰하지 않는 시장을 외국인이 믿고 투자하기 어렵다는, 단순하지만 뼈아픈 대답이었습니다.

그 말이 틀린 말은 아닙니다. 2024년 말 기준으로 국내 상장주식을 보유한 개인투자자는 약 1,410만 명, 인구 대비 27.5%입니다. 숫자만 보면 국민 4명 중 1명이 주식을 보유한 셈이지만, 문제는 '규모'입니다. 통계청의 가계금융복지조사에 따르면, 우리나라 가구의 평균 자산은 5억 4,000만 원입니다. 이 중 실물자산이 4억 1,000만 원, 금융자산이 1억 3,000만 원입니다. 금융자산 안에서도 주식·채권·펀드 등 투자성 자산은 2,000만 원 정도로 전체 자산의 4%에 불과합니다.

미국 가계의 자산 중 주식 비중은 29%, 일본은 약 13% 수준입니다. 한국의 4%는 턱없이 낮습니다. 한국 사람들은 주식이 아니라 부동산을 중심으로 자산을 축적해왔습니다. 왜 그럴까요? 이유는 간단합니다. 부동산이 더 매력적이었기 때문입니다.

흔히 사람들은 강남 아파트와 삼성전자 주식의 수익률을 비교합니다. 20년 전 삼성전자 주가는 약 1만 원이었습니다. 지금은 9만 원 수준입니다. 단순 계산으로 9배 상승했습니다. 같은 기간 강남 대치동 은마아파트는 6억 원에서 28억 원으로 4배 이상 올랐습니다. 세금과 유지비를 고려하면 주식이 더 높은 수익률을 냈다고 할 수 있습니다. 그런데 사람들은 여전히 주식보다 부동산을 선택합니다.

이유는 '레버리지' 때문입니다. 부동산은 대출을 이용할 수 있습니다. 아파트를 살 때 가격의 절반을 대출받았다고 가정하면, 실제 자기자본이익률은 7배 이상으로 커집니다. 반면 주식은 대출이 제한적입니다. 금융기관은 주택담보대출에는 적극적이지만, 주식담보대출에는 보수적입니다.

또 다른 이유는 사용 가치입니다. 아파트는 거주하면서 보유할 수 있는 '생활형 자산'입니다. 그 덕분에 장기 보유가 가능합니다. 반면 주식은 사용 가치가 없습니다. 삼성전자 주식을 20년간 그대로 보유하고 있는 사람은 거의 없습니다. 실제로 2025년 기준 삼성전자 주주 약 260만 명 중 다수는 단기로 사고파는 투자자들입니다.

이 차이가 장기적으로 엄청난 결과를 낳았습니다. 부동산은 장기 투자와 레버리지를 동시에 제공했지만, 주식은 단기 수익 중심의 자산이 되어버렸습니다. 국민이 부동산을 택한 것은 합리적인 선택이었을지도 모릅니다. 하지만 그 결과는 무겁습니다. 자본시장은 성장하지 못했고, 기업은 국민 경제와 멀어졌습니다. 가계와 기업이 서로 멀어져 갔습니다.

또 다른 이유는 낮은 절대 수익률입니다. 지난 20년간 코스피 지수의 연평균 실질 수익률은 1.7%에 불과합니다. 은행 예금이자와 비슷하거나 오히려 낮습니다. 투자할 이유가 없었던 것입니다. 배당 역시 마찬가지입니다. 주식투자는 시세차익뿐 아니라 배당이 중요한 수익원입니다. 그런데 한국 기업의 배당성향은 주요 선진국에 비해 매우 낮습니다. 2014년부터 2023년까지 평균 배당성향을 보면 캐나다 62%, 독일 55%, 미국 43%, 일본 37%입니다. 한국은 27%에 그칩니다. 기업이 이익을 내도 주주에게 나누어 주는 비중이 가장 낮은 나라 중 하나라는 뜻입니다.

여기에 불신이 겹쳤습니다. 한국의 기업 문화는 오랫동안 '주주 중심'이 아니었습니다. 기업은 주주의 것이 아니라 대주주의 것이었습니다. 대주주는 지주회사를 세워 적은 지분으로 그룹 전체를 지배했습니다. 상속과 경영권 승계를 위해 계열사를 나누고 합치는 일이 반복되었습니다. 소액주주는 늘 '허울뿐인 주인'이었습니다. 삼성전자는 상징적인 사례입니다. 이재용 회장은 삼성전자 주식 1.63%를 보유하고 있지만, 누구도 그를 '소액주주'라고 말하지 않습니다. 그는 법적 책임을 지는 이사회 임원도 아니지만, 회장으로 불리고 실제로 회사를 움직입니다.

이처럼 기업은 '대주주의 것'이라는 인식이 너무도 자연스러웠습니다. "기업은 누구의 것인가?"라는 질문은 한국에서 거의 던져지지 않았습니다. 그러니 국민이 기업의 주인으로서 시장에 참여할 이유도 없었습니다. 배당은 낮고, 정보는 불투명하며, 정경유착의 그림자가 짙은 시장에서 주식투자는 늘 불리한 게임이었습니다.

그 결과 한국 사람들은 주식시장을 떠나 부동산으로 향했습니다. 낮은 배당, 불신, 정경유착, 그리고 부동산이라는 더 매력적인 대안이 국민을 시장 밖으로 밀어냈습니다. 투자를 할 이유가 없었던 것입니다. 국민이 투자하지 않으니, 기업은 국민 경제와 멀어졌습니다. 기업의 이익은 국민의 소득으로 이어지지 않았고, 기업의 성장은 가계의 성장과 단절되었습니다.

한국은행과 통계청 자료를 보면, 2003년 이후 20년 동안 가계의 처분가능소득은 약 두 배 증가했습니다. 연평균 3%대 중반의 성장입니다. 반면 같은 기간 기업의 영업이익은 세 배 이상, 순이익은 다섯 배 가까이 증가했습니다. 연평균 6~8% 성장률입니다. 기업의 성장이 가계보다 두 배 이상 빠른 속도로 진행된 것입니다. 기업의 이익이 가계로 돌아가지 못했습니다.

가계의 소득이 정체되자 소비 여력은 약해졌고, 내수는 부진했습니다. 기업은 수출에 더 의존하게 되었습니다. 기업은 국민 경제의 일부라고 하기보다 독립된 존재로 변했습니다. 이익을 내더라도 그 이익이 임금이나 배당으로 국민에게 돌아오지 않았습니다. 가계는 '열심히 일해도 나아지지 않는다'는 체념을 배웠고, 기업은 '주주는 중요하지 않다'는 태도를 배웠습니다.

이것이 지난 20년 동안 한국 자본주의가 걸어온 길입니다. 기업은 성장했지만, 국민은 성장하지 못했습니다. 부의 순환이 끊겼습니다. 기업의 이익이 국민의 부로 이어지지 않는 사회, 이것이 코리아 디스카운트의 진짜 이유입니다.

외국인 투자자들은 숫자보다 신뢰를 먼저 봅니다. 한국의 문제는 단지 낮은 배당률이나 불투명한 지배구조가 아닙니다. 그보다 더 본질적인 것은 시장의 주체가 국민이 아니라는 사실입니다. 자본의 중심에 국민이 서지 못한 나라에서 주식은 언제나 할인되어 거래될 수밖에 없습니다.

진정한 코리아 프리미엄은 숫자가 아니라 믿음에서 시작됩니다. 국민이 다시 시장의 주인이 될 때, 그리고 기업의 성장과 국민의 삶이 다시 연결될 때 비로소 한국 주식은 제값을 받을 것입니다.

코리아 프리미엄,
가능성을 찾다

2011년 3월 11일 오후 2시, 일본 동북부 도호쿠 지방에서 강도 9의 대지진이 발생합니다. 지진으로 발생한 최대 40m 높이의 쓰나미로 약 2만 명이 사망하고 주택과 건물 40만 채가 파손됩니다. 심지어 쓰나미로 인해 후쿠시마 원전이 타격을 받아 핵연료가 녹아내리는 멜트다운이 발생했습니다. 체르노빌 원전 사고 이후 최악의 원전 사고가 발생했습니다.

경제 충격도 컸습니다. 닛케이 225 지수는 순식간에 폭락했고, 해외 언론과 투자자들 사이에서는 "일본 경제는 몰락했다"는 비관론이 퍼졌습니다. 20년 가까운 장기 디플레이션과 인구 감소, 고령화 문제까지 겹쳐, 일본 경제가 다시 일어설 수 있다고 믿는 이는 거의 없었습니다.

그러나 이후 놀라운 반전이 일어났습니다. 2011년 1만 포인트 언저리에서 주저앉았던 닛케이 225 지수는 13년 후인 2024년 3월 4일 사상 최초로 4만 포인트를 돌파했습니다. 1989년 버블 정점 이후 무려 35년 만의 최대 지수였습니다. 어떻게 이런 반전이 가능했을까요?

그 반전의 출발점은 신뢰였습니다. 일본 정부와 도쿄증권거래소는 2013년 아베노믹스를 계기로 기업의 경영 구조와 시장 제도를 근본적으로 개혁하기 시작했습니다. 2015년에는 '스튜어드십 코드'를 도입해 기관투자자들에게 이렇게 요구했습니다.

"당신들은 국민의 자산을 대신 운용하는 수탁자이기 때문에 기업의 경영과 주주권 행사에 적극적으로 참여해야 한다."

이듬해에는 '코퍼레이트 거버넌스 코드'를 시행해 모든 상장기업이 사외이사를 늘리고, 이사회 운영의 투명성을 강화하며, 주주가치를 높이도록 했습니다. 2021년에는 여기에 한 가지 문장이 추가되었습니다.

"기업은 자본비용을 인식하고, 자기자본이익률(ROE)을 개선해야 한다."

이 조항은 단순한 권고가 아니라 일본 기업의 의식을 바꾸는 계기가 되었습니다. 2023년 3월에는 도쿄증권거래소가 한 걸음 더 나아갔습니다. 거래소는 상장기업들에게 공식적으로 경고했습니다.

"주가순자산비율(PBR) 1배 미만의 기업은 투자자의 신뢰를 훼손하는 구조입니다. 개선 계획을 제출하지 않으면 상장 유지가 어렵습니다."

이 발표는 일본 주식시장을 뒤흔들었습니다. 수많은 기업이 자사주를 매입하고, 배당을 늘리고, 구조조정 계획을 내놓기 시작했습니다. 그동안 '자본 효율성'이라는 개념이 희미하던 일본 기업들이 비로소 주주의 시선으로 자신들의 가치를 바라보기 시작한 것입니다.

그 결과 일본 시장에는 '저PBR 개혁' 열풍이 불었습니다. 《니혼게이자이신문》은 이를 "일본 자본시장의 르네상스"라고 불렀습니다. 그 무렵 해외 투자자들은 일본으로 다시 돌아왔고, 2024년 닛케이 지수는 35년 만에 최고치를 경신했습니다. 2011년 몰락한 나라로 불리던 일본이 2024년에는 가장 신뢰받는 시장으로 재평가받은 것입니다.

이 변화의 중심에는 국민이 있었습니다. 일본은 2014년 'NISA(소액투자비과세제도)'를 도입해 국민 누구나 세금 부담 없이 주식과 펀드에 투자할 수 있도록 했습니다. 2024년에는 제도가 더 확대되어 연간 투자 한도가 360만 엔, 우리 돈으로 약 3,000만 원이 넘는 수준으로 늘어났습니다. 국민이 직접 기업의 주주가 되고, 기업의 성과를 함께 나누는 구조가 만들어진 것입니다. 이제 일본 가계의 금융자산 중 주식과 펀드의 비중은 20%를 넘어섰습니다. 저축의 나라였던 일본이 이제는 투자의 나라로 바뀌고 있습니다.

일본 주식시장의 변화는 '제도 개선 → 신뢰 회복 → 시장 재평가'로 이어지는 선순환을 보여줍니다. 선순환을 만들면서 닛케이 225 지수가 1만에서 5만대로 13년 만에 5배 이상 상승했습니다. 일본 주식시장은 우리에게 가능성을 이야기해주고 있습니다.

상법 개정,
시작된 변화

　투자자들로부터 신뢰를 잃은 한국 주식시장을 바꿔야 합니다. 코리아 프리미엄의 출발입니다. 2025년 시작된 상법 개정을 주목하는 이유입니다. 우선 두 차례에 걸친 상법 개정이 이루어졌고 개정안은 주주 권리 강화와 기업 지배구조 개편을 중심축으로 하고 있습니다. 언뜻 법률 조항 몇 개가 바뀐 것처럼 보이지만, 그 의미는 훨씬 큽니다. 이번 개정은 기업의 주인이 누구인가에 대한 근본적인 질문, 그리고 '한국 자본시장은 누구를 위해 존재하는가'라는 문제의식에서 출발했습니다.

　첫 번째 개정은 2025년 7월 국회를 통과했습니다. 핵심은 이사의 충실의무를 '회사'에서 '회사와 주주 전체'로 확대한 것입니다. 그동안 우리나라 기업의 이사들은 주주보다는 회사, 그리고 그 회사를 사실상 지배하는 대주주의 이익을 우선시해왔습니다.

하지만 이제 법은 분명히 말합니다. "이사의 의무는 주주 전체를 향한다." 회사의 모든 의사결정이 대주주 한 사람의 이익이 아니라 주주 전체, 즉 국민 전체의 부를 함께 키우는 방향으로 가야 한다는 것입니다. 같은 맥락에서 감사위원 선임 때 대주주의 의결권을 3%로 제한하는 조항도 강화되었습니다. 대주주가 지분을 앞세워 감사위원회를 사실상 장악하던 구조를 깨겠다는 뜻입니다. 앞으로는 사외이사나 감사위원이 단순히 형식적인 견제 역할에 머물 수 없습니다. 이사회 안에서 독립성을 지키며 진짜 주주의 대리인으로서 행동해야 합니다.

또 하나 주목할 변화는 전자주주총회 제도의 도입입니다. 이제 주주는 굳이 회사 본사나 주총회의장에 가지 않아도 온라인으로 회의에 참석해 의결권을 행사할 수 있습니다. 그동안 주총장은 일부 대주주와 기관투자자의 공간이었지만, 이제는 일반 국민 투자자도 언제 어디서든 자신의 권리를 직접 행사할 수 있는 길이 열린 셈입니다. '주주'라는 이름이 비로소 현실이 된 순간입니다.

두 번째 개정은 한 달 뒤인 8월에 이뤄졌습니다. 이번에는 한층 더 구체적인 장치를 마련했습니다. 바로 집중투표제의 의무화입니다. 이 제도는 여러 명의 이사를 선임할 때 주주가 가진 의결권을 특정 후보에게 몰아줄 수 있게 하는 방식입니다. 지금까지 대기업들은 정관에 "집중투표제를 배제한다"는 문구를 넣어 소액주주의 영향력을 사실상 차단해왔습니다. 이제는 그것이 불가능해집니다. 자산총액 2조 원 이상 대기업은 반드시 집중투표제를 실시해야 합니다. 소액주주도 자신이 지지하는 후보에게 표를 몰아줄 수 있고, 그만큼 이사회는 더 다양해지고 견제 기능도 강화됩니다.

또 하나 중요한 변화는 감사위원 분리선출의 확대입니다. 기존에는 감사위원 중 단 한 명만 따로 선출하면 되었지만, 이제는 최소 두 명 이상을 분리해 뽑아야 합니다. 이는 감사위원회가 경영진의 눈치를 보지 않고 진정으로 주주를 위한 감시 역할을 할 수 있게 하려는 취지입니다.

이 두 차례의 개정은 결국 같은 방향을 가리키고 있습니다. 기업은 더 이상 폐쇄된 가족기업이 아니라, 국민의 자본으로 움직이는 공적 존재라는 인식의 전환입니다. 주주의 이익을 보호하고, 투명성을 높이며, 기업과 국민 사이의 신뢰를 다시 세우기 위한 첫걸음입니다.

물론 변화에는 불안도 있습니다. 기업들은 '경영 자율성이 위축된다'고 우려하고, 일부 재계는 '투자자들의 과도한 간섭'을 걱정합니다. 하지만 주주가 무시된 시장에서는 투자도, 신뢰도, 미래도 자라나지 않습니다. 법의 변화는 단순히 경영 규제를 강화하려는 것이 아니라, 기업이 국민과 함께 성장할 수 있도록 경제의 뼈대를 바꾸려는 시도입니다. 주주는 기업의 경영을 방해하는 훼방꾼이 아닙니다. 기업의 성장과 함께하는 중요한 구성원이라는 인식 전환이 필요합니다.

상법 개정은 시작입니다. 민주당과 정부는 추가적인 상법 개정을 예고하고 있습니다. 3차 상법 개정안은 자사주 소각 의무화를 중심으로 합니다. 단순한 추가 조항이 아니라 '기업이 자본시장에서 주주의 신뢰를 쌓을 수 있는 구조'로 나아가게 하겠다는 의지의 표현입니다. 그동안 기업들은 자사주를 매입해서 경영권 방어나 주가 관리에 활용했습니다. 특히 지배주주 측이 자사주를 활용해 지배력을 강화하는 '꼼수'라는 비판도 있었습니다.

이번 개정안은 일정 조건을 갖춘 상장기업에 대해 자사주 매입 후 반드시 소각하도록 하는 조항을 담으려고 합니다. 즉, 자사주를 쌓아두는 것이 아니라 주주에게 돌아가야 한다는 원칙을 법제화하겠다는 뜻입니다. 이재명 대통령은 이 개정에 대해 "저항이 없는 것은 아니지만, 반드시 시행해야 할 일"이라고 강조한 바 있습니다. 자사주 소각을 강제함으로써 지배주주의 지배력 확장 수단이 줄어들게 됩니다. 자사주를 매입해 지분율을 높인 뒤 보유하는 방식은 앞으로 제한을 받을 가능성이 큽니다. 이는 지배주주의 과도한 영향력을 억제하고, 주주 권익이 우선되는 방향으로 기업 이사회와 재무정책이 바뀌어야 한다는 논리와 연결됩니다.

자사주 소각은 배당과 함께 대표적인 주주친화정책입니다. 기업이 돈을 벌어서 주주들에게 나누어 줄 수 있는 방법입니다. 그렇다면 자사주 소각과 배당은 어떤 차이점이 있을까요? 자사주 소각은 회사가 스스로 매입하거나 보유하고 있는 자기 주식을 없애서 전체 주식수를 줄이는 행동입니다. 주식 수가 줄면 남아 있는 주식의 가치가 올라갑니다. 주당순이익(EPS)도 자연스럽게 높아집니다. 세금을 바로 내지 않는다는 점도 강점입니다. 대표적인 예가 애플입니다. 애플은 최근 10년간 약 6,000억 달러에 달하는 자사주 매입을 통해 발행주식 수를 약 38% 줄였습니다. 이 과정에서 한 주당 이익이 순이익 성장률을 훨씬 웃돌았습니다. EPS가 크게 상승했고, 주가는 회사의 실제 이익 증가보다 더 빠르게 올랐습니다. 장기투자자 입장에서는 이익이 계속 재투자되는 것처럼 효과가 쌓입니다.

배당은 이익을 현금으로 직접 나누어 주는 방식입니다. 손에 잡히는 돈이 들어옵니다. 대신 세금을 바로 냅니다. 애플도 배당을 합니다. 하지만 배당보다 훨씬 더 큰 규모로 자사주를 소각합니다. 이유는 단순합니다. 장기 주주에게 세금 부담 없이 기업가치를 더 높이는 효과가 크기 때문입니다.

두 방식의 성격은 분명하게 다릅니다. 자사주 소각은 미래 수익을 키우는 구조입니다. 기업이 창출한 이익이 주식 수 감소를 통해 주가 가치로 반영됩니다. 반면 배당은 지금 이익을 나누는 방식입니다. 당장의 현금흐름이 필요할 때 유용합니다.

투자자에게 어느 쪽이 더 유리할까요? 개인 상황과 기업의 전략에 따라 달라집니다. 장기 수익률을 높이고 싶다면 자사주 소각의 힘이 큽니다. 실제로 S&P 500 상장기업 중 장기 주가 상승률이 높은 회사들은 대부분 대규모 자사주 매입·소각을 활발히 해왔습니다. 반대로 생활비나 정기적 현금흐름을 원하는 투자자라면 배당이 더 적합합니다.

결국 핵심은 기업이 어떤 철학으로 자본을 쓰는지 읽는 일입니다. 자사주 소각은 기업의 이익이 미래 가치로 이어지는 길을 택한 것이고, 배당은 지금의 이익을 즉시 주주와 나누는 결정입니다. 회사가 어떤 선택을 하고 있는지 살피면 기업이 어떤 미래를 그리고 있는지 훨씬 명확하게 보입니다. 3차 상법 개정안은 기업에게 선택을 강요하는 방법일 수 있습니다. 그러나 주식시장의 정상화와 기업과 주주의 장기 성장을 위해 반드시 필요한 개정이라고 볼 수 있습니다.

3차 개정안은 앞선 두 번의 상법 개정과 연결되는 개혁 조치입니다. 1·2차 개정은 주주 충실의무 명문화, 전자주주총회 도입, 집중투표제 의무화, 감사위원 분리선출 확대 등을 통해 주주의 권리를 법제화하는 방향이었습니다. 3차 개정은 거기서 더 나아가 기업이 자본을 어떻게 운용할 것인가, 즉 주주 중심 자본정책까지 법 틀 안으로 끌어들이는 시도입니다.

세 번의 개정은 서로 따로 떨어져 있는 사건이 아닙니다. 하나로 이어진 '신뢰 회복의 3단계'였습니다. 첫 번째 개정이 기업 경영의 책임을 주주로 명문화했다면, 두 번째 개정은 주주에게 참여권을 주었고, 세 번째 개정은 기업의 자본정책을 투명성 위에 세웠습니다. 이제 기업은 국민을 외면할 수 없습니다. 이사는 주주의 이익을 고려해야 하고, 주주는 기업 경영에 목소리를 낼 수 있으며, 기업은 자사주를 통해 국민의 신뢰를 다시 돌려줘야 합니다.

물론 모든 변화에는 저항이 따릅니다. 일부 기업들은 '경영 자율성 침해'를, 일부 재계는 '투자 위축'을 걱정합니다. 그러나 진짜 문제는 법이 아니라 신뢰였습니다. 주주의 신뢰를 얻지 못한 기업은 자본시장에서 제값을 받을 수 없습니다. '코리아 디스카운트'는 바로 그 신뢰의 부재가 만든 그림자였습니다.

법이 완벽해서 시장이 변하는 것은 아닙니다. 그러나 법이 방향을 제시하면 시장은 그 길을 따라갑니다.

세 차례의 상법 개정은 그 방향을 분명히 했습니다. 이제 한국 자본시장은 '대주주 중심'에서 '국민 투자자 중심'으로 옮겨가고 있습니다. 그 길의 끝에는 새로운 이름이 기다리고 있습니다. 코리아 프리미엄. 그것은 단지 수익률의 문제가 아니라, 국민이 기업을 믿고, 기업이 국민과 함께 성장하는 신뢰의 가치를 의미합니다.

한국 기업은
프리미엄을 받을 자격이 있다

제도만 바뀐다고 없던 프리미엄이 생기는 것이 아닙니다. 제도 변화는 출발일 뿐입니다. 근본적으로 한국 기업들의 경쟁력을 생각해볼 필요가 있습니다. 한국 기업들은 이미 세계 시장의 중심에 서 있습니다. 삼성전자는 1990년대까지만 해도 일본 전자회사의 그늘에 가려 있었지만, 지금은 세계 반도체 시장 점유율 1위, 글로벌 메모리 공급의 절반을 책임지고 있습니다. 삼성의 D램과 낸드플래시는 스마트폰, 클라우드, 데이터센터 등 AI 시대를 움직이는 핵심 인프라입니다. 2024년 삼성전자의 연구개발비는 약 35조 원에 달하며, 이는 전 세계 10대 기술 기업 중에서도 손꼽히는 규모입니다. 단순한 제조업체가 아니라, 기술혁신을 주도하는 기업으로의 변화를 준비 중입니다.

SK하이닉스는 AI 반도체 시대의 주역입니다. 2024년 세계 최초로 HBM3E(고대역폭 메모리)를 양산해 엔비디아, AMD 등 글로벌 칩 기업의 핵심 파트너로 자리 잡았습니다. AI 모델의 학습과 추론 속도를 좌우하는 핵심 부품이 바로 HBM입니다. 세계적으로 HBM 양산 기술을 구현해낸 기업은 매우 적으며 한국 기업이 핵심 주체로 자리하고 있습니다.

현대자동차와 기아는 내연기관의 시대를 넘어 전기차 시대의 주역입니다. 2024년 두 회사의 글로벌 전기차 점유율은 7%를 돌파하며 테슬라, BYD와 함께 '전기차 3강'으로 꼽히고 있습니다. 미국 조지아에 건설 중인 전기차 전용 공장은 단일 규모로 세계 최대이며, 미국 소비자 평가기관들은 '품질과 디자인, 기술력을 모두 갖춘 브랜드'로 현대차를 평가합니다. 아이오닉5와 EV9은 미국에서 '올해의 차'로 선정되었습니다. 그뿐만 아니라 현대차그룹은 이제 소프트웨어 중심의 모빌리티 솔루션 기업으로 변신하고 있습니다.

소재·화학 산업에서도 한국은 확실한 존재감을 보여주고 있습니다. LG화학은 전기차 배터리 핵심 소재인 양극재 분야에서 세계 1~2위를 다투고, 분사한 LG에너지솔루션은 GM, 테슬라, 혼다 등 글로벌 완성차 기업의 핵심 파트너로 자리 잡았습니다. 포스코는 철강을 넘어 수소·2차전지 소재·리튬 분야로 확장하며 '친환경 자원 기업'으로 진화하고 있습니다. 포스코퓨처엠은 양극재 분야에서 이미 글로벌 Top 5 안에 들었습니다.

조선업에서도 한국의 경쟁력은 압도적입니다. 조선 3사 현대중공업, 삼성중공업, 한화오션(구 대우조선해양)은 전 세계 고부가가치 선박 수주의 70% 이상을 차지하고 있습니다. 특히 LNG 운반선, 초대형 유조선, 친환경 메탄선 등 정밀 기술과 경험이 필요한 선박은 사실상 한국의 독점 시장입니다. 2024년에는 '암모니아 추진선'과 '탄소중립 선박' 개발에 성공하며 친환경 조선 시대의 주도권까지 확보했습니다. 한화오션은 잠수함과 군함 분야로 영역을 확장해 방산 산업과의 시너지까지 키우고 있습니다. 트럼프 대통령이 한국 조선업을 간절히 원하는 이유가 있습니다.

방산 분야 역시 한국 산업의 새로운 성장 동력이 되고 있습니다. K-방산이라 불리는 이 산업은 단순한 무기 수출을 넘어 기술력, 신뢰, 전략적 파트너십을 모두 수출하는 형태로 발전했습니다. 폴란드와 체결한 대규모 K2 전차·K9 자주포·FA-50 전투기 계약은 한국이 세계 4대 방산 수출국으로 도약하는 계기가 되었습니다. 한화에어로스페이스는 엔진·우주 발사체 분야로, LIG넥스원은 미사일·유도무기 시스템으로 세계 시장을 넓히고 있습니다. 한국형 전투기 KF-21 보라매는 완전한 국산화로 향하며, 한국 방산 기술이 더 이상 '중소국의 기술'이 아님을 보여주고 있습니다.

원전 산업도 다시 부활했습니다. 한때 탈원전 정책으로 주춤했지만, 세계적 에너지 전환의 흐름 속에서 한국 원전은 다시 각광받고 있습니다. 한국형 원전 모델 APR1400은 세계에서 유일하게 유럽 안전 인증(EUR)을 받은 독립 원전이며, 현재 아랍에미리트 바라카 원전에서 성공적으로 상업운전 중입니다. 이 경험을 기반으로 체코, 폴란드, 사우디 등 유럽과 중동의 신규 원전 프로젝트에서도 한국이 미국·프랑스와 어깨를 나란히 하고 있습니다. 두산에너빌리티, 한전, 한수원, 한전기술 등으로 구성된 원전 산업 생태계는 '탄소중립과 에너지 안보'를 동시에 충족시킬 수 있는 국가 전략 산업으로 재부상하고 있습니다.

이 모든 산업을 연결하는 공통된 단어는 '기술'과 '신뢰'입니다. 한국은 단기간의 기적이 아니라, 꾸준한 기술 축적과 품질 개선으로 세계 시장을 열었습니다. 삼성전자의 반도체, 현대차의 전기차, 조선 3사의 친환경 선박, 한화의 방산, 두산의 원전, 이들은 모두 세계가 인정하는 이름입니다.

제조업과 함께 콘텐츠 산업 역시 세계적인 성공을 거두고 있습니다. BTS와 블랙핑크의 성공은 단순히 음악의 이야기가 아닙니다. 그들의 영향력은 한국 문화, 패션, 뷰티, 그리고 IT 산업까지 연결되었습니다. CJ ENM, 하이브, 카카오엔터테인먼트 등은 '한류 콘텐츠'를 수출하는 것이 아니라, 글로벌 엔터테인먼트 플랫폼을 구축하며 넷플릭스와 직접 경쟁하는 수준으로 성장했습니다. 2025년 기준 한국의 문화 콘텐츠 수출액은 150억 달러를 넘어섰고, 이는 자동차나 반도체에 이어 가장 빠르게 성장하는 수출 산업이 되고 있습니다.

핀테크·게임·디지털 서비스 산업도 빠르게 성장하고 있습니다. 네이버와 카카오는 각각 일본과 동남아시아 시장에서 현지 플랫폼을 인수하거나 직접 설립하며 글로벌 확장을 이어가고 있습니다. 네이버의 '라인(LINE)'은 일본 국민 메신저로, 카카오게임즈는 글로벌 흥행작을 잇달아 출시하며 국내 IT 기업들이 세계 무대에서도 경쟁할 수 있다는 가능성을 증명했습니다.

K-푸드도 주목할 필요가 있습니다. 한국의 식품 산업은 오랫동안 내수 중심 산업으로 평가받아 왔습니다. 식품 기업의 성장은 인구수와 소비량에 좌우되는 '성숙기 산업'의 전형으로 여겨졌습니다. 하지만 지금, 한국의 식품 기업들이 세계 무대에서 보여주는 변화는 그 상식을 완전히 뒤집고 있습니다. 그 중심에 삼양식품이 있습니다.

삼양식품은 '불닭볶음면' 하나로 한국 식품 산업의 역사를 새로 쓴 기업입니다. 2012년 출시된 불닭볶음면은 처음에는 독특한 매운맛으로 주목받았지만, 그 이후 해외 시장에서 'K-스파이시' 트렌드를 이끌며 K-푸드 열풍의 중심으로 떠올랐습니다. 2015년 이후 삼양식품의 수출은 매년 기록을 경신했습니다. 특히 2023년에는 전체 매출의 70% 이상이 해외에서 발생했습니다. 이는 '수출이 내수를 앞질렀다'는 뜻이며, 한국 식품 기업으로서는 거의 전례 없는 일입니다.

지금 삼양식품의 제품은 160개국 이상에 수출되고 있습니다. 특히 미국, 중국, 동남아뿐 아니라 유럽, 중동, 남미에서도 'Buldak'은 하나의 브랜드명처럼 통용되고 있습니다. '한국 라면'이 아니라, '불닭'이라는 고유명사로 불립니다. SNS와 유튜브를 중심으로 불닭을 먹는 '불닭 챌린지'가 확산되었고, 각국의 젊은 세대는 이 매운맛을 통해 K-컬처를 체험합니다. 불닭볶음면은 단순한 식품이 아니라, 글로벌 문화 콘텐츠로 자리 잡았습니다.

반도체, 자동차, 조선, 방산, 2차전지, 콘텐츠 그리고 식품까지 한국 기업들의 놀라운 경쟁력은 이미 완성형입니다. 그럼에도 주식시장에서는 저평가를 받고 있습니다. 실력은 충분한데 신뢰가 부족합니다. 따라서 코리아 프리미엄은 기술력에서 완성되는 것이 아니라 신뢰에서 완성됩니다. 일본이 그랬듯 우리도 바뀔 수 있습니다. 법 개정과 제도 개혁이 길을 열고, 기업이 약속을 지키며, 국민이 참여할 때 한국 주식시장은 디스카운드 해소를 넘어 프리미엄을 받게 될 것입니다.

프리미엄은 가격이 아니라 태도에서 나옵니다. 기업이 주주를 존중하고, 국민이 기업을 믿는 시장, 정부가 그 신뢰를 보호하는 제도, 그 삼박자가 맞춰질 때 한국 시장은 스스로 프리미엄을 만들어낼 것입니다. 그날, 한국 주식은 싸서 사는 시장이 아니라, 믿을 수 있어서 사는 시장이 될 것입니다. 그때 비로소 코리아 프리미엄은 현실이 될 것입니다.

이재명 대통령과 함께하는 주식투자

이재명 대통령은 한국 주식시장의 저평가와 배당, 그리고 정상화를 강조해서 이야기합니다. 한국 주식시장에 대한 대통령 발언을 살펴보고 구체적으로 어떤 의미가 있는지 분석해보도록 하겠습니다.

> "PBR 0.1배, 0.2배인 회사들이 있는데 빨리 정리해야 한다."
> – 2025년 4월 21일, 서울 여의도 금융투자협회 자본시장 활성화 정책간담회

> "아니 어떻게 멀쩡하게 영업하는 정상적인 회사가 즉시 지금 팔아도 주가보다 순자산가치가 더 높다. 그럴 수가 있습니까? 이거 말이 안 되는 거거든요. 지금 당장 문 닫고 팔아버려도 주가보다 더 많이 남는다. 말이 안 되

> 잖아요. 그런데 그런 주식이 대한민국 주식시장에 널려 있다는 거죠. 심지어 PBR 0.3, 그러면 3,000원에 사가지고 회사 문 닫고 싹 팔아버리면 1만 원을 받을 수 있다는 건데 말이 안 되잖아요. 그런 일이 일상적으로 지금 벌어지고 있죠. 객관적 지표상 말이 안 되는 저평가 상태입니다."
>
> – 2025년 9월 11일, 취임 100일 기자회견

> "한국의 PBR·PER이 저개발 단계 국가들보다 훨씬 낮다."
>
> – 2025년 9월 25일, 뉴욕증권거래소 한국 투자 설명회

  이재명 대통령은 한국 주식시장의 저평가를 강조합니다. 특히 PBR을 지속해서 언급합니다. PBR은 주가순자산비율(Price to Book Ratio)이라고 합니다. 기업이 가지고 있는 순자산(자산 - 부채)에 비해 주식시장에서 그 회사의 가치를 얼마로 평가하고 있는지를 나타내는 지표입니다. 예를 들면 어떤 회사의 자산이 1,000억 원이고 부채가 500억 원이라면 순자산은 500억 원입니다. 회사 시가총액이 500억 원이라고 하면 시가총액 500억 원을 순자산 500억 원으로 나눈 PBR은 1배입니다. 일반적으로 PBR이 1보다 낮으면 저평가 상태라고 평가합니다.

  2025년 들어 한국 주식시장이 상승했음에도 불구하고 코스피 지수의 PBR은 1.19배(2025년 10월 08일 기준) 수준입니다. 다른 나라

와 비교하면 저평가 수준이 완연하게 드러납니다. 일본 TOPIX 지수 1.65배, 대만 TWSE 지수 3.06배, 미국 S&P 500은 5.49배에 달합니다.

대통령이 언급한 저개발 국가들도 살펴보면 인도네시아 2.21배(Jakarta Stock Exchange Composite Index), 태국 1.24배(Stock Exchange of Thailand SET Index), 베트남 2.08배(Ho Chi Minh Stock Index)입니다.

한국 주식시장은 왜 PBR이 낮은 저평가 상태일까요? 일반적으로 PBR은 회사의 미래 수익성에 따라 결정됩니다. 기업의 미래 수익성이 현재의 자기자본비용보다 높다고 전망된다면 PBR이 1배보다 높은 것이 일반적입니다. 따라서 PBR이 1배보다 낮다는 것은 회사의 미래 수익성이 낮은 경우라고 판단할 수 있습니다.

문제는 이재명 대통령도 언급했듯이 지나친 저평가입니다. 코스피 시장을 보면 상장된 851개 회사 중에서 561개 회사가 PBR 1배 미만입니다. 코스피 시장에 상장된 회사 중에서 66%가 PBR이 1배 미만인 상황입니다. PBR이 0.5배 이하인 회사도 314개에 이릅니다. 비중이 37%에 달합니다. 한국 주식시장은 미래 수익성이 낮은 단순한 저평가 상태를 넘어 신뢰를 잃은 최악의 저평가 상태라고 말할 수 있습니다. 그렇다면 직접적으로 저평가는 어떻게 해소할 수 있을까요?

저평가를 해소할 수 있는 방법은 산술적으로는 두 가지입니다.

PBR을 다시 한번 살펴보겠습니다. PBR은 ROE(Return on Equity)에 PER(Price to Earnings Ratio)을 곱하여 계산됩니다.

$$PBR = ROE \times PER$$

ROE는 자기자본이익률을 의미합니다. 회사가 자기자본으로 얼마의 이익을 내는지를 나타내는 지표입니다. 계산식은 당기순이익을 순자산으로 나누어서 계산합니다. 즉, 기업의 수익성 지표입니다. PER은 회사의 이익 대비 주식시장에서 얼마나 평가받고 있는가를 나타냅니다. 회사의 시가총액을 당기순이익으로 나누어주면 쉽게 계산할 수 있습니다. PER은 회사에 대한 주식시장 평가 지표입니다. ROE와 PER를 곱하면 PBR이 계산됩니다. 즉, 회사의 실적(ROE)과 시장의 평가와 기대(PER)가 함께 만든 신뢰의 지표라고 할 수 있습니다.

$$PBR = ROE \times PER$$
$$\frac{시가총액}{순자산} = \frac{순이익}{순자산} \times \frac{시가총액}{순이익}$$

즉, ROE는 현실이며 PER은 믿음이고 PBR은 그에 따른 결과라고 할 수 있습니다. PBR을 올리기 위해 무엇을 해야 할까요? ROE와 PER을 상승시키면 됩니다.

우선 ROE를 올릴 수 있는 방법은 무엇일까요? ROE 계산식에서 보면 순이익이 증가하거나 순자산이 감소하면 ROE가 개선될 수 있습니다. 사업을 잘해 순이익을 증가시키는 것은 어쩌면 당연한 일입니다. 그러나 시간이 오래 걸립니다. 또 한 가지 방법이 있습니다. 순자산을 낮추는 방법입니다. 자본 효율화라고 할 수 있습니다. 가장 빠르게 ROE를 개선할 수 있는 방법입니다. 불필요한 현금과 자산을 줄이고 자본 효율을 개선해야 합니다. 기업이 자산을 과도하게 보유하고 있으면 자기자본이익률(ROE)을 떨어뜨립니다. 적극적인 투자와 R&D를 통해 자본을 효율화해야 합니다. 또한 이익을 주주에게 환원하는 것도 자본의 효율화를 높일 수 있는 좋은 방법입니다. 배당성향을 높이거나 자사주 매입과 소각을 통해 주주환원을 확대하면 ROE가 개선될 수 있습니다.

전 세계 반도체 1위 기업인 삼성전자 ROE는 8~10% 수준입니다. 애플의 ROE는 얼마나 될까요? 무려 150% 이상입니다. 순자산 대비 애플의 순이익이 크기 때문입니다. 그러나 주목할 것은 순자산도 지속 감소했다는 점입니다. 10년 전 애플의 순자산은 1,116억 달러였습니다. 2024년 기준 애플의 순자산은 570억 달러입니다. 10년 전과 비교해 애플의 순자산은 546억 달러 감소했습니다. 2015년 애플의 당기순이익은 534억 달러였습니다. 2024년 순이익은 937억 달러입니다. 10년 동안 순이익은 약 1.8배 증가했습니다. 순이익은 증가했지만 순자산은 감소했습니다. 이유가 무엇일까요? 돈을 벌면 회사에 쌓아놓지 않고 적극적으로 투자하고 주주에게 환원했기 때문입니다. 10년 동안 애플은 주식시장에서 7,000억 달러가 넘는 자사주를 매입한 것으로 조사됩니다.

반면 2025년 상반기 기준 삼성전자의 연결 기준 순자산은 약 400조 원입니다. 10년 전 순자산은 181조 원이었습니다. 10년 동안 순자산이 219조 원 증가했습니다. 어떤 회사가 훌륭한 회사일까요? 10년 동안 순자산을 늘려온 회사와 줄여온 회사, 시장의 평가는 분명합니다. 순자산을 줄여온 회사는 10년 동안 주가가 8배 가깝게 상승했습니다. 반면 순자산을 늘려온 회사는 10년간 주가 상승률이 3배에 불과합니다.

ROE와 함께 PER을 올려도 PBR은 개선됩니다. 그러나 PER은 시가총액에 따라 결정됩니다. 회사가 스스로 할 수 있는 일이 많지 않습니다.

단기적으로 PBR을 개선시키기 위해 회사가 보유한 순자산을 효율화하는 것이 가장 효과적이고 빠른 방법입니다. 이재명 대통령이 배당을 강조하는 이유입니다. 배당과 관련된 발언을 살펴보겠습니다.

> "국민들도 주식투자로 중간배당을 받을 수 있게 할 것, 배당을 촉진하기 위한 세제 개편이나 제도 개편을 준비하고 있다."
>
> – 2025년 6월 11일, 한국거래소 현장 간담회

> "배당소득세제 개편을 통해서 배당을 증대시켜야 한다."
>
> – 2025년 7월 24일, 수석보좌관회의

배당은 한국 기업들의 저평가 해소와 밀접하게 연관되어 있습니다. 배당으로 대표되는 주주환원 정책이 자리 잡을수록 ROE는 개선되고 저평가가 해소될 가능성이 높기 때문입니다. 배당을 늘리기 위한 정책도 주목할 필요가 있습니다. 대표적으로 배당소득세제 개편입니다.

배당소득세제 개편안은 '고배당 기업 우대 + 분리과세 확대 + 최고세율 조정' 등의 방향을 담고 있습니다. 고배당 기업에는 세율을 낮추고, 장기투자자는 일정 기간 이상 주식을 보유할 경우 세 부담을 줄여줍니다. 단기 차익보다는 장기 배당수익 중심의 투자 문화를 유도하겠다는 구상입니다. 배당소득 분리과세 한도를 확대하고, 최고세율 구간을 조정해 투자자들의 실질 수익률을 높이는 방향으로 설계되고 있습니다.

이러한 세제 개편은 단기적인 '혜택 정책'이 아닙니다. 오히려 배

당을 통한 신뢰 회복의 시스템 개혁입니다. 배당이 확대되면 기업의 현금흐름은 투명해지고, 자본 효율성(ROE)이 개선됩니다. 투자자는 기업의 성장을 함께 체감하며, 시장은 자연스럽게 '할인'에서 '프리미엄'으로 이동합니다. 일본의 '저PBR 개혁'이 ROE 개선을 통해 닛케이 지수를 4배로 끌어올린 것처럼, 한국 역시 '배당 개혁'을 통해 코리아 프리미엄을 만들 수 있습니다.

또한 배당은 국민 투자자의 신뢰를 복원하는 첫 단추입니다. 지금까지 한국의 개인투자자들은 배당을 '미미한 보너스'로 인식했습니다. 그러나 배당이 일정 수준 이상으로 커지면, 주식은 단순한 시세차익 상품이 아니라 '지속적인 현금흐름 자산'으로 변합니다. 매년 배당을 통해 안정적인 수익을 얻을 수 있다면, 국민은 단기 매매 대신 장기 보유를 선택할 것입니다. 장기 보유는 시장의 안정성을 높이고, 기업의 자본조달 비용을 낮추며, 다시 성장 투자로 이어지는 선순환을 만듭니다.

결국 배당 확대는 저성장 시대의 새로운 성장 전략이 될 수 있습니다. 정부는 세제와 제도로 신뢰의 토대를 만들고, 기업은 적극적인 배당정책으로 신뢰를 증명하며, 국민은 장기투자자로서 자본시장의 주체가 됩니다. 이 세 주체가 함께 움직일 때, 한국 시장은 비로소 '코리아 디스카운트'를 벗어나 '코리아 프리미엄'으로 나아갈 수 있습니다.

이재명 대통령의 배당 강조는 단순한 금융정책이 아닙니다. 그것은 경제민주주의와 시장 신뢰 회복을 위한 선언입니다. 기업의 이익이 국민에게 돌아가고, 국민의 투자가 다시 기업을 성장시키는 순환이 만들어질 때, 비로소 한국 자본시장은 세계 어디에 내놓아도 부끄럽지 않은 신뢰의 시장으로 재탄생할 것입니다. 그 시작이 바로 배당입니다. 배당은 단순한 돈의 나눔이 아니라 신뢰의 복원이며, 진보적 자본주의의 실천입니다.

주식시장 정상화에 대한 이재명 대통령의 발언은 인상적입니다.

> "생산적 금융으로 전환하는 것 중에서 가장 핵심은 주식시장을 정상화하는 것이다. 활성화라고 말하기도 어렵다."
> – 2025년 9월 11일, 취임 100일 기자회견

경제성장도 불확실하고 기업들의 실적 개선도 어려운데 어떻게 주가가 상승할 수 있냐고 많은 사람이 물어봅니다. 경제가 좋아지지 않고 기업 이익 증가가 이루어지지 않는다면 주가가 상승하기 어려울 수 있습니다. 그러나 지금 대한민국 주식시장은 이재명 대통령의 이야기처럼 활성화가 아니라 정상화를 이야기하고 있습니다.

활성화보다 정상화는 제도 개선과 시스템 변화로 빠른 시간에 충분히 달성할 수 있는 목표입니다. 주가 상승을 이재명 대통령이 자신하는 이유이기도 합니다.

이재명 대통령은 대선 후보 시절 자신의 주식 계좌를 공개했습니다. 코스피 200 ETF와 코스닥 200 ETE에 투자했습니다. 한국 주식시장의 상승을 예상하면서 지수 ETF에 투자했습니다. 3분기 말 수익률이 40%에 달할 것으로 예측됩니다. 저평가 해소와 배당을 통한 선순환, 그리고 한국 주식시장의 정상화가 빨라지면 한국 주식시장의 상승세는 지속될 가능성이 높습니다. 한국 주식에 투자해야 하는 이유입니다.

Stock Investing for Progress

3장

Stock
Investing
for
Progress

주식투자,
어떻게
할 것인가?

주식투자란
무엇인가?

　주식투자는 숫자 게임이 아닙니다. 사람이 하는 일입니다. 사람들이 모여 이야기하고, 생각하고, 행동하면서 그 결과가 가격이 됩니다. 그래서 주식투자에서도 사람을 이해하는 일이 무엇보다 중요합니다. 많은 이들이 말합니다. "심리를 읽어야 한다." 맞습니다. 하지만 그것만으로는 부족합니다. 사람의 행동은 심리만으로 설명되지 않습니다. 그 뒤에는 경험이 있고, 환경이 있고, 관계가 있습니다. 그래서 사람도 어렵고, 투자도 어렵습니다.

　찰리 멍거(Charlie Munger)는 말했습니다. "나는 세상을 이해하기 위해 인간의 어리석음을 먼저 공부했다." 투자란 바로 그 인간의 어리석음을 이해하는 일부터 출발합니다. 남들이 달릴 때 멈추고, 남들이 멈출 때 한 걸음 내딛는 일입니다.

주식투자를 처음 시작하는 분들이 가장 많이 묻습니다. "무엇부터 공부해야 하나요?" "어떤 책을 읽으면 좋을까요?" 공부할 것은 많고, 좋은 책은 더 많습니다. 피터 린치의 『전설로 떠나는 월가의 영웅』도 있고, 존 템플턴(John Templeton)의 『영혼이 있는 투자』도 있습니다. 하지만 그것만으로 충분할까요? 책을 많이 읽는다고 사람을 이해하고, 투자를 잘하게 되는 것은 아닙니다.

투자처럼 사람을 깊이 이해해야 하는 분야가 있습니다. 바로 연애입니다. 『연애 바이블』이라는 책이 있습니다. 한때 자기계발 분야에서 18주 연속 베스트셀러를 기록했습니다. 이성과의 만남부터 이별의 위기까지, 연애의 모든 단계를 공식처럼 정리해둔 책입니다. 심리, 매너, 관계 발전법까지 빠짐없이 다룹니다. 하지만 묻고 싶습니다. 『연애 바이블』을 읽으면 진짜 연애를 잘하게 될까요? 이제는 대부분 그렇지 않다고 답할 것입니다. 연애도 머리로 배우는 게 아니라, 몸으로 배우는 일이기 때문입니다.

투자도 마찬가지입니다. 생각을 바꿨다면, 이제는 행동해야 합니다. 구체적인 계획의 출발점을 책에서 찾지 마십시오. 행동에서 찾아야 합니다. 하워드 막스(Howard Marks)는 말했습니다. "경험은 교과서보다 비싸지만, 훨씬 오래 남는다." 주식투자는 바로 경험의 학문입니다.

축구를 떠올려보십시오. 축구를 책으로 배우는 사람은 없습니다. 운동장에 나가 공을 주고받으며 배웁니다. 주식투자도 마찬가지입니다. 먼저 계좌를 열고, 종목을 보고, 사보고, 팔아보는 것. 그것이 시작입니다. 처음입니다. 아기의 첫 걸음마처럼 시작하십시오. 아기는 천천히 일어나서 한 발자국 떼고 넘어집니다. 다시 일어나 두 발자국 갑니다. 넘어지고 또 일어나는 수많은 시행착오가 걸음마의 시작입니다. 처음부터 달리는 아기는 없습니다.

주식투자도 같습니다. 천천히, 조금씩 넘어지면서 배워야 합니다. 천천히 조금씩, 조금씩 천천히 시작해보겠습니다.

1980년대 중반, 나이키는 위기에 빠져 있었습니다. 아디다스와 리복 등 경쟁사들이 급성장하며 운동화 시장을 장악했고, 나이키의 점유율은 빠르게 하락했습니다. 단순히 운동선수들의 성과만을 강조하는 마케팅으로는 더 이상 대중의 마음을 사로잡을 수 없었습니다. 나이키에는 브랜드의 정체성을 새롭게 규정할 강력한 메시지가 필요했습니다.

바로 이때 등장한 사람이 댄 와이든(Dan Wieden)이었습니다. 그는 사람들을 움직이고 운동을 누구나 할 수 있는 일상적 실천으로 느끼게 만들 메시지를 찾고 있었습니다. 와이든이 떠올린 문장은 다소 충격적이었습니다. 1977년 미국에서 총살형을 앞둔 살인범 게리 길모어(Gary Gilmore)가 사형 집행수들에게 한 마지막 말은 "Let's do it"이었습니다.

와이든은 이 단순하지만 기묘한 울림을 가진 문장을 변형해, 나이키의 브랜드 슬로건으로 제안했습니다. 이렇게 해서 'Just Do It'이라는 역사적 광고 문구가 탄생한 것입니다. 1988년, 이 슬로건이 처음 세상에 공개되었습니다. 첫 번째 광고의 주인공은 유명한 선수도, 젊은 모델도 아니었습니다. 당시 80세의 러너 월트 스택(Walt Stack)이었습니다. 그는 샌프란시스코의 골든게이트 브리지를 묵묵히 달리며 이렇게 말했습니다.

"저는 매일 아침 17마일을 달립니다. 사람들은 저를 보고 미쳤다고 하죠. 하지만 저는 이렇게 말합니다. Just Do It."

이 광고는 단순히 운동화를 파는 장면이 아니었습니다. 노인, 여성, 장애인, 아마추어 러너 등 누구든지 주인공이 될 수 있음을 보여주며, 나이키가 모든 사람의 도전과 땀을 응원하는 브랜드임을 각인시켰습니다. 'Just Do It' 캠페인은 폭발적인 반향을 불러일으켰습니다. 단 10년 만에 나이키의 북미 시장 점유율은 18%에서 43%로 상승했고, 매출은 8억 7,000만 달러에서 92억 달러로 뛰어올랐습니다. 단순한 세 단어가 나이키를 다시 일으켜 세운 것입니다.

오늘날 'Just Do It'은 단순한 광고 문구를 넘어 인생의 태도를 상징하는 말이 되었습니다. 실패와 두려움 앞에서도 망설이지 말고 시도하라는 메시지. 나이키가 전하고자 했던 핵심은 '승리보다 중요한 것은 도전 자체'라는 점이었습니다.

투자에서도 'Just Do It'이 필요합니다. 합리적 기준과 판단, 그리고 Just Do It이 이루어지면 불확실한 미래를 투자 기회로 만들 수 있습니다. 투자는 결과가 아니라 시도입니다. 한 걸음이 투자의 출발점입니다. 이제 시작합니다.

투자는
왜 필요한가?

 주식투자를 어떻게 할 것인가에 대해 본격적으로 다루기 전에 주식투자는 왜 필요한가에 대한 답을 다시 한번 정리할 필요가 있습니다. 주식투자는 왜 필요할까요? 돈을 벌기 위해서. 물론입니다. 그러나 그것만으로는 부족합니다. 좀 더 근본적인 답이 필요합니다. 그 실마리를 프랑스 경제학자 토마 피케티(Thomas Piketty)로부터 찾을 수 있습니다. 피케티는 지난 10여 년 동안 전 세계에서 가장 주목받은 경제학자 중 한 사람입니다. 연구 주제는 불평등, 자산 격차 그리고 자본주의 미래입니다.

 피케티는 인류 역사에서 '자본수익률(r)'과 '경제성장률(g)'의 관계를 분석했습니다. 놀랍게도 인류의 경제성장률은 대부분의 시기 동안 아주 낮았습니다. 서기 1년부터 1700년까지 약 1,700년 동안 경제성장률이 연평균 0.1%에 불과했습니다. 산업혁명이 시작된 1700년대 이후에도 1820년까지 0.5%, 1913년까지 1.5% 정도에 그쳤습니다. 그러나 20세기에 들어서면서 성장률은 3% 수준으로 급등했습니다.

반면 자본수익률은 시대를 막론하고 꾸준히 4~5%를 유지했습니다. 농경사회에서도 토지에서 나오는 수익은 5%에 달했고, 19~20세기에는 식민지와 부동산, 이후 금융·에너지 투자로 자본수익률은 경제성장률보다 항상 높았습니다. 경제성장률은 노동수익률이라고 할 수 있습니다. 따라서 자본을 가진 사람은 시대를 막론하고 노동으로 버는 사람보다 더 빠르게 많이 부를 늘려왔습니다.

이 격차가 바로 불평등의 뿌리입니다. 자본수익률이 경제성장률보다 높으면 부의 집중은 심화되고 계층 간 이동성은 줄어듭니다. 잘사는 사람은 더 잘살고, 가난한 사람은 계속 뒤처지게 되는 구조가 만들어집니다. 피케티는 이러한 불평등 구조를 완화하기 위해 자본에 대한 과세를 제안했습니다. 자본수익에 세금을 부과하면 자본수익률이 낮아져 격차를 줄일 수 있다고 본 것입니다.

또 다른 길이 있다고 생각합니다. 세금에는 언제나 저항이 있고 조세 회피도 뒤따릅니다. 현실적인 한계가 존재합니다. 다른 길도 있다고 생각합니다. 모든 사람이 자본투자자가 되면 어떨까요? 자본수익이 노동수익을 항상 앞선다면, 단지 일만 하고 저축만 하는 삶은 스스로 격차를 키우는 행동일 수 있습니다. 반대로 모두가 투자를 통해 자본수익에 참여한다면, 사회 전체의 불평등 구조를 완화할 수 있습니다. 이것이 바로 투자가 가지는 사회적 의미입니다. 투자는 부자들의 특권이 아니라, 불평등을 줄이고 모두가 성장의 열매를 나누는 방법이 될 수 있습니다. 그래서 다시 묻습니다. "투자는 왜 필요한가?" 그것은 단순히 돈을 버는 행위가 아니라, 불평등을 완화하고 공정한 사회를 만드는 빠른 길이 될 수도 있습니다. 광수네복덕방의 신념도 여기에 있습니다. '투자를 통해 빈부 격차를 해소하고 사회적 불평등을 줄일 수 있습니다.'

투자는
사람이 한다

　투자의 필요성에 대해 이야기했습니다. 이번에는 투자는 무엇인지에 대해 생각해보겠습니다. 투자는 사람이 합니다. 사람에 대한 이해가 필요한 이유입니다. 인간이 다른 종과 가장 다른 점은 '생각'입니다. 생각하고 행동합니다. 행동하면서 생각합니다. 생각을 먼저 이해해야 하는 이유입니다. 사람들은 어떻게 생각할까요?

　사람들은 경험에 따라 생각합니다. 과거에 스스로 경험했던 일은 마음속에 깊이 남습니다. 한 번 큰 손실을 겪은 투자자는 이후에도 주가가 조금만 떨어져도 불안해집니다. 반대로 한 번 큰 수익을 맛본 사람은 자신이 특별한 감각을 가졌다고 착각합니다. 2020년 코로나 이후 급등장에서 주식을 시작한 많은 개인투자자들이 있었습니다.

그들은 거의 모든 종목이 오르던 시기에 투자해서 수익을 냈습니다. 이후 시장이 정상화되자 '이번에도 오를 거야'라는 생각으로 빚을 내서까지 투자했고, 그 결과 큰 손실을 본 사람들도 많았습니다. 과거의 경험이 새로운 상황에서도 똑같이 통할 것이라고 믿은 결과였습니다.

사람은 혼자 생각하지 않습니다. 대부분 집단 속에서 판단합니다. 회사 동료들이 "요즘 2차전지가 대세야"라고 말하면 괜히 나만 뒤처지는 것 같아집니다. 주식 커뮤니티나 유튜브에서 "지금 안 사면 늦는다"는 말이 반복되면, 불안감이 커지고 결국 따라 사게 됩니다. 반대로 뉴스에서 '폭락', '공포' 같은 단어가 쏟아질 때는 아무리 좋은 기업이라도 사기 두렵습니다. 남들이 다 팔면 나도 팔고 싶어지는 마음, 그것이 군중심리입니다. 시장은 결국 수많은 개인의 감정이 모여 만들어진 결과물입니다.

또한 사람은 확률보다 확신을 좋아합니다. "이번에는 다르다", "이 회사는 엔비디아처럼 될 거야"라는 말은 언제나 매력적으로 들립니다. 하지만 대부분의 투자 실패는 '확신'에서 시작됩니다. 2008년 금융위기 전 미국의 투자자들도 그랬습니다. '부동산은 절대 안 떨어진다'는 믿음이 있었기 때문에 위험을 보지 못했습니다. 한국에서도 비슷한 일이 반복됩니다. 2021년 코스피가 3,300을 넘었을 때 '이제 한국도 선진국 시장으로 간다'는 기대가 넘쳤습니다. 하지만 다음 해

시장은 급락했고, 투자자들은 뒤늦게 '왜 그때 팔지 않았을까' 하며 후회했습니다.

결국 투자에서 중요한 것은 숫자나 공식이 아니라 사람의 생각입니다. 주가는 기업의 가치만으로 결정되지 않습니다. 투자자들이 그 가치를 어떻게 생각하는가에 따라 달라집니다. 같은 실적이라도 기대가 높을 때는 주가가 오르고, 실망할 때는 내립니다. 주식시장은 결국 '인간의 심리 그래프'입니다.

그리고 그 인간은 남이 아니라 바로 나 자신입니다. 주가가 조금 오르면 '더 벌 수 있겠다'는 욕심이 생기고, 떨어지면 '지금 팔면 손해니까 버텨야지'라는 생각이 듭니다. 하지만 이 두 감정이 모두 판단을 흐립니다. 성공한 투자자들이 공통으로 하는 말이 있습니다. "시장을 이기기 전에 자신을 이겨라." 투자는 외부와의 싸움이 아니라 내 안의 탐욕과 두려움, 확신과 망설임을 다스리는 싸움입니다.

결국 사람을 이해한다는 것은 시장을 이해하는 일이고, 나 자신을 이해하는 일입니다. 숫자는 냉정하지만, 그 숫자를 움직이는 것은 사람입니다. 그래서 투자자는 경제를 공부하기 전에 사람에 대해서 먼저 알아야 합니다. 인간을 잘 이해할 수 있는 사람이 주식투자에서도 성공하는 이유입니다.

사람에 대한 이해가 바탕이 되면 투자에서 변화를 인정하게 됩니다. 영원한 것은 없습니다. 판단은 달라질 수 있고 상황은 변할 수 있습니다. 확실하다고 생각하지만 언제든지 달라지게 됩니다. 변화를 인정해야 하는 것이 투자입니다. 변화를 인정하면 사이클에 대한 이해가 쉬워집니다. 투자에서 사이클은 시장 변화와 함께 개인 투자의 변동도 이야기합니다.

주식시장에서 사람들은 흔히들 '대장주'나 '주도주'에 투자하라고 말합니다. 두 단어는 비슷하게 들리지만 실제로는 전혀 다른 의미를 가지고 있습니다. 대장주는 말 그대로 업종을 대표하는 기업입니다. 시가총액이 크고, 업종의 얼굴 역할을 합니다. 예를 들어 반도체의 대장주는 삼성전자, 2차전지는 LG에너지솔루션, 자동차는 현대차입니다. 규모가 크고 안정적인 기업들이죠. 하지만 시장을 실제로 움직이는 종목은 따로 있습니다. 그것이 바로 '주도주'입니다.

주도주는 시장의 상승 흐름을 만들어내는 종목입니다. 시장의 분위기를 바꾸고, 투자자들의 관심을 집중시키는 힘을 가진 주식입니다. 필수 조건은 두 가지입니다. 강한 상승률과 거래 대금입니다. 예를 들어 2025년 반도체 업종의 대장주는 여전히 삼성전자이지만, 주도주는 SK하이닉스였습니다. 1월부터 10월까지 삼성전자가 74% 올랐다면, SK하이닉스는 138% 상승했습니다. 주도주가 시장 전체의 방향을 이끈 것입니다.

이 차이를 이해하면 왜 많은 투자자들이 시장 상승률만큼의 수익을 내지 못하는지 알 수 있습니다. 예를 들어 코스피 지수가 50% 가까이 상승한 시기에도, 실제로 그보다 높은 수익을 낸 종목은 전체의 17%에 불과했습니다. 952개 상장 종목 중 160개만이 시장 평균을 넘었습니다. 반면 31%의 종목은 오히려 하락했습니다. 그런데 흥미로운 점은 시장 평균보다 높은 수익을 낸 17%의 평균 상승률이 무려 108%였다는 사실입니다. 시장은 소수의 주도주가 전체를 끌어올립니다. 이른바 '주도주'를 놓치면, 지수는 오르는데 내 계좌는 제자리일 가능성이 높아집니다.

그래서 개별 주식투자에서 가장 중요한 것은 '대장'을 찾는 것이 아니라 '주도'를 읽는 일입니다. 대장주는 안정적이지만, 주도주는 수익을 만듭니다. 주도주를 파악하는 사람만이 시장 평균보다 훨씬 높은 수익을 얻습니다. 실제로 시장의 주도주 수익률은 전체 시장 상승률보다 두 배 이상 높게 나타납니다. SK하이닉스, 두산에너빌리티, 현대로템이 그 예입니다. 각각 반도체, 원자력, 방산 분야에서 2025년 주가가 100%, 300%, 320% 넘게 상승했습니다. 이런 주도주들이 시장을 견인한 것입니다.

하지만 여기서 가장 중요한 점이 있습니다. '주도주는 항상 변한다'는 사실입니다. 어제의 주도주가 내일의 주도주는 아닙니다. 2020년에는 2차전지, 2021년에는 플랫폼, 2022년에는 방산, 2023년에는 반도체가 시장의 중심이었습니다. 시장의 관심은 끊임없이 이동합니다. 투자자는 이 변화의 흐름을 읽어야 합니다. 한때의 영광에 머물면 시장의 속도를 따라잡을 수 없습니다.

결국 시장을 이기는 길은 단순히 '좋은 기업'을 찾는 것이 아니라, '지금 시장이 집중하는 기업'을 찾는 일입니다. 대장주는 시장을 대표하지만, 주도주는 시장을 움직입니다. 그리고 주도주는 변합니다. 그래서 투자자는 늘 현재의 주도 흐름을 살펴야 합니다. 시장은 생각보다 빨리 변하고, 그 흐름을 이해하는 사람만이 시장보다 먼저 움직일 수 있습니다.

투자는 변화를 읽는 일입니다. 사람들이 움직이는 시장이기 때문에 변화는 피할 수 없습니다. 사람들의 감정, 생각, 판단은 일관되지 못하고 꾸준하지도 않고 단순하게 파악할 수도 없기 때문입니다. 변화를 인정해야 현명한 투자를 할 수 있습니다. 사람에 대한 이해, 주식투자의 첫 번째 시작입니다.

주식투자를 시작하면서 세 가지 질문이 중요합니다. 무엇을(What), 언제(When), 어떻게(How). '무엇을', '언제' 그리고 '어떻게'가 균형을 이루어야 합니다. 우선 무엇을, 어떤 주식을 사야 할까요?

주식투자 목적은 두 가지입니다. 하나는 시세차익이고, 다른 하나는 배당입니다. 주가가 상승하면 이익을 얻을 수 있습니다. 또 배당을 받아 수익을 낼 수 있습니다. 주가가 상승할 수 있는 종목, 배당을 받을 수 있는 종목 혹은 주가도 상승하면서 배당을 받을 수 있는 종목을 찾아야 합니다.

다른 사람들이
좋아하는 주식을 찾아라

향후 주가가 상승할 종목은 어떻게 찾아낼 수 있을까요? 주식 투자 종목을 찾는 많은 방법이 있습니다. 그중에서 가장 기초적이고 중요한 방법을 알아보겠습니다. 바로 '3차 사고 투자 방법'입니다. 미인(미남)대회 방법이라고도 합니다. 20세기 최고의 경제학자인 존 메이너드 케인스(John Maynard Keynes)가 주식투자를 미인대회에 비유한 유명한 구절은 대표 저서 『The General Theory of Employment, Interest and Money』(1936)에 나옵니다. 케인스의 글을 이해하기 쉽도록 해석하면 다음과 같습니다.

전문적인 투자는 미인을 고르는 게임과 유사합니다. 신문사에서 100장의 사진을 보여주며 가장 예쁜 얼굴 6장을 고르라고 합니다.

상을 받는 기준은 내가 보기에 누가 예쁘냐가 아닙니다. 다른 사람들도 많이 고른 사진을 선택한 사람이 게임에 이기게 됩니다.

게임에 승리하기 위해 사람들은 내가 예쁘다고 생각하는 사진을 선택하는 것이 아니라 다른 사람들이 예쁘다고 생각할 것 같은 얼굴을 골라야 합니다. 투자도 똑같습니다. 다른 사람들이 어떤 선택을 할지 예측하는 게임을 하게 됩니다.

케인스는 주식투자의 방법을 설명하기 위해 글을 쓴 것이 아니었습니다. 그는 오히려 금융시장의 투기적 성격을 비판하기 위해 '미인 대회' 비유를 들었습니다. 그러나 아이러니하게도, 바로 그 비유 속에서 주식 종목을 선택하는 중요한 통찰을 얻을 수 있습니다.

바로 3차적 사고(Third-degree Thinking)입니다. 미인을 고르는 대회를 다시 생각해보겠습니다.

1차적 사고: 나의 기준으로 누가 예쁜가? → 단순하고 직관적인 사고입니다.

2차적 사고: 다른 사람들은 누가 예쁘다고 생각할까? → 다른 사람들의 생각을 한 단계 더 고려합니다.

3차적 사고: 사람들이 생각하는 예쁘다는 기준은 무엇일까? → 다른 사람들의 기대를 예측할 수 있는 방법을 생각합니다.

주식투자도 미인대회와 유사합니다. 나만 좋다고 생각하는 회사의 주가는 상승할 가능성이 낮습니다. 사람들이 좋아하는 회사의 주가가 상승합니다. 내가 아니라 많은 사람이 주가가 상승할 것이라고 생각하는 회사의 주가가 오릅니다. 그렇다면 사람들이 좋아할 수 있는 종목을 미리 예측해서 투자해야 합니다. 다른 사람들이 생각하는 주가 상승 조건을 먼저 고민해야 하는 이유입니다. 바로 '3차 사고 투자 방법'입니다.

사람들은 어떤 주식을 좋아하고, 어떤 기준으로 주식을 선택할까요? 코스피 시장에 상장되어 있는 에이피알(278470)이라는 회사가 있습니다. 생소할 수 있으나 주식시장에서는 매우 유명한 회사입니다. 유명한 이유는 주가가 크게 상승했기 때문입니다. 2025년 1월부터 8월 말까지 에이피알 주가는 약 350% 상승해 코스피 시장에서 두 번째로 높은 상승률을 보였습니다. 주가가 상승한 이유는 무엇일까요?

가장 직접적인 이유는 실적이 좋아지고 있기 때문입니다. 특히 2024년 4분기부터 매출이 빠르게 증가하고 있습니다. 회사의 분기별 매출을 보면 2024년 3분기 1,741억 원이었던 매출이 4분기에는 2,442억 원으로 증가하고, 2025년 2분기에는 3,277억 원으로 급증합니다. 매출이 증가하면서 자연스럽게 이익도 늘어났습니다.

더 주목해야 할 점은 매출이 늘어나는 원인입니다. 매출 증가 원인은 수출 증가입니다. 2025년 2분기 수출액은 2,500억 원을 돌파해 전년 동기 대비 230% 늘어났습니다. 미국과 일본을 중심으로 수출이 빠르게 증가했습니다. 에이피알은 화장품과 뷰티 디바이스를 만드는 회사입니다.

효성중공업(298040)도 8개월 동안 주가가 200% 이상 상승했습니다. 매출과 이익이 증가하면서 주가가 상승했습니다. 2025년 2분기 영업이익이 1,642억 원으로 전년 동기 대비 162% 증가했습니다. 이익이 증가한 이유는 수출이 늘어났기 때문입니다. 특히 미국을 중심으로 변압기 수출이 증가했습니다.

에이피알은 화장품을 제조하고 효성중공업은 전력 관련 제품을 만드는 회사입니다. 전혀 다른 사업을 하지만 주가 상승 원인은 같습니다. 바로 수출에 의한 매출과 이익 증가입니다.

수출이 증가해서 회사의 실적이 좋아지면 주가가 상승합니다. 주식투자자들이 수출이 늘어나는 회사를 좋아하는 이유입니다. 그렇다면 수출 증가 여부가 주식투자 종목을 선정하는 가장 중요한 기준이 되어야 합니다. 수출이 증가할 수 있고, 증가하는 회사를 찾아야 합니다.

사람들이 관심을 가지고 열광하는 산업과 회사를 주목해야 합니다. 그곳에 투자 흐름이 있고, 미래가 있습니다. 주식투자는 발명이 아니라 발견입니다. 새로운 무언가를 만들어내는 일이 아니라, 이미 세상 속에 존재하는 변화를 알아보는 일입니다. 세상이 어디로 가는지, 사람들이 무엇에 마음을 쏟는지, 시장에서 어떤 종목이 더 크게 움직이는지를 꾸준히 지켜봐야 합니다. 좋은 투자자는 예언가가 아니라 관찰자입니다. 세상을 세밀하게 보고 기회를 발견해야 합니다. 주식투자를 통해 꾸준한 수익을 얻기 위해 선두주자가 될 필요는 없습니다. 팔로워가 되는 것만으로도 충분합니다. 조용히 쫓아가십시오. 그것만으로도 충분하고 넘칩니다.

주가가 상승하는
회사를 찾아라

두 번째는 주가가 상승하고 있는 회사입니다. 주식투자는 주가가 오르고 있는 종목에 해야 합니다. 주가가 하락하는 주식은 피해야 합니다. 주식투자의 가장 기본적인 원칙, 오르기 시작하면 사고, 내리기 시작하면 팔아야 합니다. 따라서 주가가 상승하고 있는 종목을 찾아야 합니다.

그런데 많은 사람이 주가가 오르고 있는 주식보다 하락하는 종목에 더 큰 관심을 가집니다. 이유는 단순합니다. 사람들은 본능적으로 '싼 것'을 좋아하기 때문입니다. 마트에서 세일 상품을 보면 필요하지 않아도 장바구니에 담듯이, 주식시장에서도 떨어진 주가를 보면 '이제 싸졌으니 오를 때가 됐다'고 생각합니다. 하지만 주식은 물건이 아닙니다. 값이 떨어졌다는 이유만으로 주가가 상승하고 좋은 기회가 되지 않습니다. 주식은 소비의 대상이 아니라 투자의 대상입니다. 상품은 가격이 싸면 사도 되지만, 주식은 싸다고 사는 게 아니라 앞으로 가격이 오를 가능성이 있는 회사에 투자해야 합니다.

하락하는 주식에는 반드시 이유가 있습니다. 실적이 나빠졌거나, 산업의 흐름이 바뀌었거나, 경영진에 대한 신뢰가 흔들렸을 수 있습니다. 그 이유를 모른 채 단지 가격이 내려갔다고 투자하면 안 됩니다. 가격은 언제든지 더 하락할 수 있기 때문입니다.

2021년 이후 코스닥에서 한때 주가가 폭등했던 2차전지 소재 기업들이 있습니다. 몇 달 만에 주가가 반 토막이 났지만, 많은 투자자들이 "이제 싸졌다"며 다시 들어갔습니다. 그러나 실적이 나빠지고 공급 과잉이 확인되자 주가는 다시 반 토막이 났습니다. '싸졌다'는 이유로 주식을 매수한 투자자들은 결국 더 큰 손실을 봤습니다.

반대로 오르고 있는 주식에는 상승의 이유가 있습니다. 실적이 개선되거나, 새로운 성장의 신호가 나타났거나, 시장이 그 회사를 다시 보기 시작한 것입니다. 2025년 삼성전자와 SK하이닉스 주가가 크게 상승했습니다. AI 반도체 수요가 폭발적으로 늘어날 것이라는 전망이 나오자 기관과 외국인 투자자들이 먼저 움직였습니다. 주가는 이미 반등하고 있었습니다. 상승의 이유가 명확했기 때문입니다.

많은 개인투자자들이 "싸게 사서 비싸게 판다"는 말을 곧이곧대로 믿습니다. 하지만 시장은 그렇게 단순하지 않습니다. 싸게 산다는 말속에는 '싼 이유'를 모른 채 위험을 감수한다는 함정이 숨어 있습니다. 진짜 성공한 투자자들은 싸게 사는 것이 아니라, 오르는 이유를 이해하고 사는 사람들입니다.

하락하는 주식에 끌리는 이유는 또 있습니다. 사람의 마음속에는 '손실을 만회하고 싶은 욕구'가 자리하고 있습니다. 예전에 비싸게 샀던 주식이 떨어지면, 다시 예전 가격으로 돌아가기를 바라며 매수 타이밍을 노립니다. 하지만 시장은 우리의 기대와는 무관하게 움직입니다. '언젠가 오르겠지'라는 희망은 투자가 아니라 도박에 가깝습니다.

주식투자에서 중요한 것은 싸게 사는 용기보다 잘 오르는 흐름에 올라탈 줄 아는 통찰력입니다. 오르고 있는 주식은 이미 시장의 신뢰를 얻고 있습니다. 그 신뢰가 쌓일수록 주가는 더 높아질 가능성이 커집니다. 결국 주식투자는 싸게 사는 기술이 아니라 흐름을 읽는 지혜의 싸움입니다.

그 흐름의 중심에는 언제나 '주도주'가 있습니다. 시장을 이끄는 종목, 산업의 방향을 바꾸는 종목입니다. 2025년에는 삼성전자와 SK하이닉스, 두산에너빌리티, 한화오션 같은 종목이었습니다. 주도주는 단순히 주가가 오르는 종목이 아닙니다. 이유가 분명한 주식입니다. 산업구조의 변화, 기술혁신, 그리고 수요의 폭발적 증가라는 근본적인 이유가 있습니다.

단순히 주가가 상승하는 회사만 찾아서는 안 됩니다. 이유가 분명해야 합니다. 주가가 상승하는 이유가 뚜렷해야 합니다. 주가가 상승하고 있는데 수출 증가가 원인이라면 향후에도 주가가 상승할 가능성이 높습니다. 그런데 아무리 찾아도 주가 상승 이유가 없다면 투자에서 제외해야 합니다. 이유가 있을지라도 허무맹랑한 이유라고 판단되면 절대 투자하면 안 됩니다. 선거철이 되면 선거 테마주들이 상승합니다. 유력 후보자 출생지와 본사 주소가 같다는 이유로 주가가 상승하는 회사도 있습니다. 누가 생각해도 말도 안 되는 이유입니다. 그런데 사람들은 혹시나 하는 마음에 투자합니다. 주가 상승 이유가 분명한 회사를 찾아야 합니다.

주가가 오르는 회사를 찾으려면 꾸준히 시장을 점검해야 합니다. 어느 회사의 주가가 시장 평균보다 더 강하게 움직이고 있는지 정기적으로 살펴보는 것이 좋습니다. 코스피나 코스닥 지수보다 수익률이 높은 종목을 비교해보고, 52주 신고가를 기록하거나 거래량이 꾸준히 늘고 있는 회사를 따로 살펴보면 됩니다. 단순히 주가가 올랐다는 사실만이 아니라, 왜 올랐는지도 함께 분석해야 합니다.

주가 상승에는 이유가 있습니다. 기업의 매출이 빠르게 성장하고 있는지, 수익성이 좋아졌는지, 새로운 정책 변화나 산업구조의 전환이 있었는지, 원자재 가격이나 환율 같은 외부 요인이 작용했는지 하나씩 확인해야 합니다. 이렇게 이유를 찾아가다 보면 단순히 '오른 주식'이 아니라 '계속 오를 주식'을 구분할 수 있습니다.

많은 사람이 주가가 많이 오르면 "이제 고점이다"라고 말합니다. 그러나 고점은 주가가 상승한 뒤 하락이 시작될 때 비로소 확인됩니다. 계속 오르고 있는 주가는 여전히 더 오를 수 있습니다. 예를 들어 AI 산업이 본격적으로 성장하기 시작한 2023년 이후, 관련 반도체와 서버 기업들의 주가가 큰 폭으로 상승했습니다. 이미 많이 올랐다고 말하는 사람도 많았지만, 이후 실적이 계속 개선되면서 주가는 또다시 신고가를 기록했습니다. 반대로 단기 이슈로 급등했던 바이오주는 임상 결과가 부정적으로 나오자 급락했습니다. 상승의 이유가 사라지면 주가도 방향을 바꿉니다.

변화에 맞는
주식을 찾아라

　세 번째, 경제의 흐름에 맞는 주식이 존재합니다. 주식시장은 결코 고립된 섬이 아닙니다. 기업의 실적은 경제의 흐름 속에서 만들어집니다. 그래서 투자를 잘하려면 개별 기업만 보는 눈이 아니라, 세상을 움직이는 거시경제의 흐름을 함께 읽어야 합니다.

　유가가 오르면 항공주가 하락한다는 상관관계가 있습니다. 유가는 항공사의 연료비를 결정하는 핵심 요인입니다. 유가가 오르면 항공사는 즉각적으로 비용 압박을 받습니다. 연료비는 항공사 전체 비용의 30~40%를 차지하기 때문입니다. 유가 상승은 곧바로 이익 감소로 이어지고, 실적이 악화되면 주가는 하락합니다. 반대로 유가가 안정되거나 하락하면, 항공주의 수익성이 개선되고 주가는 반등합니다. 이처럼 한 나라의 원유 수급, 산유국의 감산 결정, 지정학적 긴장이 전 세계 항공사 주가를 흔듭니다.

미국의 금리 인상은 신흥국 증시에 직접적인 영향을 미칩니다. 금리가 오르면 달러의 가치가 상승하고, 신흥국으로 흘러들어 가던 외국인 자금이 빠져나갑니다. 자금 이동만으로도 신흥국 통화는 약세를 보이고, 수입 원자재 가격이 상승하면서 기업들의 비용 구조가 흔들립니다. 2022년 미국의 연준이 급격한 금리 인상에 나섰을 때, 한국을 비롯한 아시아 신흥국 증시는 일제히 하락했습니다. 그때 수출기업의 원가가 오르고, 내수 기업의 금리 부담이 커지면서 전반적인 이익 전망이 악화되었습니다. 금리라는 하나의 변수만으로도 산업 전반의 실적이 바뀌고, 시장 전체의 분위기가 뒤바뀐 것입니다.

중국의 경기 부양책은 한국 소재주와 철강주의 주가를 움직입니다. 중국은 세계 최대의 제조국이자 원자재 소비국입니다. 중국 정부가 인프라 투자나 부동산 규제 완화에 나서면, 철강·시멘트·기계 같은 경기 민감 업종의 수요가 회복됩니다. 동시에 반도체와 디스플레이 수요도 늘어납니다. 실제로 2023년 하반기, 중국의 경기 부양 기대감이 커지자 한국의 반도체와 소재 기업들의 주가가 빠르게 상승했습니다. 중국의 한 정책 변화가 한국 기업의 주가 흐름을 바꾸는 대표적인 예입니다.

경제는 서로 얽혀 있습니다. 원자재, 금리, 환율, 소비, 정책은 모두 연결되어 서로 영향을 줍니다. 세계 어느 한쪽의 변화가 다른 지역의 산업, 기업 그리고 주가에까지 연결됩니다. 따라서 투자자는 차트를 보기 전에 먼저 세상의 흐름을 보아야 합니다. 유가, 금리, 환율, 물가 그리고 기술 변화 등 거시 흐름이 어디로 향하는지를 알아야 주가가 상승할 회사를 발견할 수 있습니다.

주식투자는 결국 현실 경제의 반영입니다. 경제가 성장하면 기업의 매출이 늘고, 매출이 늘면 이익이 증가하며, 이익이 증가하면 주가가 오릅니다. 반대로 금리가 오르고 물가가 높아지면 소비가 줄고 기업의 이익이 감소하면서 주가가 하락합니다. 경제는 기업을 움직이고, 기업은 주가를 움직입니다. 따라서 거시경제를 읽는다는 것은, 곧 시장의 방향을 읽는 일입니다.

현명한 투자자는 뉴스를 다르게 읽습니다. '유가가 올랐다'고 읽을 때, 그는 '항공주의 마진이 줄겠구나'를 생각합니다. 많은 사람은 '미국 금리 인하'라는 문장을 보고 지나치지만, 현명한 투자자는 '이제 성장주의 밸류에이션이 다시 높아질 수도 있겠다'고 봅니다. 거시의 변화는 단순한 뉴스가 아니라, 시장의 신호입니다.

결국 경제의 흐름에 맞는 주식이 있습니다. 유가 상승기에 강한 에너지주, 금리 하락기에 빛나는 성장주, 경기 회복기마다 되살아나는 산업재처럼 말입니다.

세상의 변화를 읽고, 그 변화 속에서 기회를 발견하는 것. 그것이 바로 거시를 읽는 투자자의 힘입니다. 주식투자는 단순한 숫자의 싸움이 아닙니다. 세상을 읽고, 변화의 방향에 귀 기울이는 사람에게 시장은 언제나 먼저 손을 내밉니다.

투자자는 항상 질문해야 합니다. "지금 세계 경제는 어디로 흐르고 있는가?" "이 변화 속에서 어떤 산업이 이익을 얻고, 어떤 산업이 타격을 받을까?" 주식투자는 결국 이런 질문에 대한 답을 찾아가는 과정입니다. 결국 좋은 투자란 기업의 재무제표만 보는 것이 아니라, 세상을 관찰하고 연결의 의미를 읽어내는 일입니다. 날씨 한 번, 금리 한 번, 정책 한 줄이 주식시장을 움직입니다. 거시경제를 이해하는 눈을 가진 사람만이 시장의 큰 파도 위에서 균형을 잡고 더 멀리 갈 수 있습니다.

최근 글로벌 경제와 투자를 움직이는 것은 단연코 '인공지능(AI)' 입니다. AI는 더 이상 특정 산업의 기술이 아닙니다. 경제 전체의 구조를 바꾸는 거대한 파도입니다. 1990년대 인터넷이 세상을 연결했다면, 지금의 AI는 세상을 재구성하고 있습니다. 인터넷이 정보의 흐름을 바꿨다면, AI는 판단과 결정의 방식을 바꾸고 있습니다. AI 영향은 이미 전 산업으로 확산되고 있습니다.

AI는 데이터센터와 반도체 산업을 폭발적으로 성장시켰습니다. 미국에서는 엔비디아와 AMD, 한국에서는 SK하이닉스와 삼성전자가 대표적인 수혜 기업으로 떠올랐습니다. 클라우드 기업인 마이크로소프트와 아마존, 그리고 AI 서비스를 제공하는 구글, 오픈AI 등도 모두 이 흐름 속에 있습니다. AI를 학습시키기 위해서는 막대한 연산 능력과 전력, 저장 공간이 필요합니다. 그래서 데이터센터 건설과 전력 인프라 투자도 함께 급증하고 있습니다.

최근에는 이른바 'AI 순환 경제(Circular AI Deals)'가 등장했습니다. 엔비디아가 오픈AI에 1,000억 달러를 투자하고, 오픈AI는 그 대가로 엔비디아의 칩을 사용하기로 했습니다. 이어서 오픈AI는 AMD와도 수십억 달러 규모의 협력 계약을 맺었습니다. 또, 오라클과는 3,000억 달러 규모의 데이터센터 구축 계약을 체결했는데, 오라클 역시 엔비디아의 칩을 구매해 데이터센터를 채우기로 했습니다. 이처럼 서로가 서로의 고객이자 투자자가 되는 구조입니다. 얼핏 보면 순환 거래처럼 보이지만, 사실상 미래 패권을 위한 생태계 구축 과정이라 할 수 있습니다.

AI는 단순한 기술혁신이 아니라, 새로운 자본 흐름을 만들어내고 있습니다. 반도체, 클라우드, 전력, 통신, 건설, 물류까지 광범위하게 이어지는 투자 사슬이 형성되고 있습니다. AI를 중심으로 한 새로운 '산업 생태계'가 만들어지고 있는 것입니다. 과거의 석유가 산업의 동력이었다면, 지금의 AI는 '디지털 시대의 석유'입니다.

투자자는 이 거대한 변화를 읽어야 합니다. AI는 이제 선택이 아니라 전제입니다. 앞으로의 경제성장, 기업 실적, 주가 흐름을 이해하려면 AI를 중심에 두고 생각해야 합니다. 예를 들어 반도체와 데이터 센터 관련 기업은 AI 시대의 인프라를 담당합니다. 전력과 냉각 기술, 재생에너지 기업들은 AI 인프라의 뒷받침이 됩니다. 반면 단순 제조나 반복 업무 중심의 산업은 구조적으로 효율화와 자동화의 압력을 받을 수밖에 없습니다.

경제의 흐름은 결국 기술의 방향과 맞물려 있습니다. 산업혁명이 증기기관으로 세상을 바꿨듯, AI 혁명은 지식과 판단의 구조를 바꾸고 있습니다. 투자자는 이런 거대한 기술 변화를 읽을 줄 알아야 합니다. 그것이 바로 '경제의 흐름에 맞는 주식'을 찾는 일입니다.

지금 세계 경제의 중심에는 AI가 있고, 그 주변에 새로운 산업과 기회가 생겨나고 있습니다. 진보적인 투자자는 이 변화를 두려워하지 않습니다. 오히려 그 변화 속에서 성장의 방향을 찾습니다. 결국 주식투자란 세상의 변화와 함께 성장하는 가장 현실적이면서 효과적인 방법입니다. 큰 판을 읽기 위해 거시경제와 산업의 변화를 읽어야 합니다. 결국 모든 주식은 큰 판 위에서 돌아갑니다.

저평가된
주식을 찾아라

네 번째, 저평가된 주식을 찾아야 합니다. 분석을 통해 투자 종목을 선정할 수 있습니다. 종목을 선택하기 위해 사용되는 분석 방법은 크게 두 가지 유형으로 나눌 수 있습니다. 가격의 흐름을 분석하는 기술적 분석(Technical Analysis)과 기업가치를 분석하는 기본적 분석(Fundamental Analysis)입니다. 즉, 투자 종목을 선택하기 위해 미래 주가를 예측해 매매를 결정(기술적 분석)하거나 회사의 내재가치와 현재 주가를 비교해 투자(기본적 분석)할 수 있습니다.

기술적 분석은 과거 주가와 거래량 데이터를 기반으로 미래의 가격 움직임을 예측하는 방법입니다. 차트와 다양한 지표를 활용하여 수요와 공급 흐름과 투자자 심리를 읽어내고, 이를 바탕으로 매수·

매도 시점을 결정합니다. 즉, 기업의 가치나 재무제표 분석보다는 시장 참여자들의 행동 패턴과 심리에 초점을 맞춰 투자하는 것이 특징입니다.

주식시장은 수많은 정보와 투자자들의 심리가 즉각적으로 반영됩니다. 주가가 초 단위로 움직이는 이유입니다. 기술적 분석은 주식시장의 빠른 변화를 읽어내는 데 유용합니다. 따라서 기술적 분석은 단기 매매에 유리합니다. 비교적 언제 사고팔아야 하는지에 대한 정보도 기술적 분석을 통해 찾아낼 수 있습니다. 주식을 언제 사고팔아야 하는지에 대한 결정을 내릴 때 기술적 분석이 많이 사용됩니다.

기술적 분석은 과거 주가 패턴과 심리를 이용해 주가를 예측하는 방법입니다. 유용할 수 있지만 문제가 있습니다. 주가 패턴과 심리는 갑자기 변할 수 있다는 점입니다. 사람의 마음은 수시로 바뀝니다. 아침에 주가가 상승하면 매수하고 싶다가 오후에 주가가 하락하면 안 사길 잘했다고 하는 것이 사람들의 심리입니다. 반면 심리는 확률에 영향을 미치지 못합니다. 동전을 던져 앞면이 10번 연속 나오면 사람들은 다음에는 뒷면이 나올 수 있다고 생각할 수 있습니다. 그러나 앞면이 많이 나왔다고 다음에 뒷면이 나올 확률이 높아지지 않습니다. 뒷면이 나올 확률은 여전히 50%일 뿐입니다.

기술적 분석은 투자자에게 매수와 매도 시점을 판단할 수 있는 유용한 정보를 제공합니다. 주가가 오를 때 사고, 내릴 때 파는 것은 단순하지만, 실제로는 결코 쉽지 않은 일입니다. 기술적 분석은 투자자의 감정을 배제하고 데이터와 흐름으로 판단할 수 있게 해주는 도구가 됩니다.

다만 주의할 점도 있습니다. 기술적 분석은 시장의 변수가 너무 많기 때문에 투자 경험이 많지 않은 사람들에게는 다소 어려울 수 있습니다. 그래서 기술적 분석은 숙련된 투자자나 단기투자자에게 특히 유용하지만, 초보자라도 기본적인 원리와 접근법 정도는 알아야 할 필요가 있습니다.

기술적 분석의 출발점은 단 하나입니다. 현재 주가가 과거와 비교해 어떤 위치에 있는가? 지금이 매수할 때인지, 매도할 때인지 판단하기 위해서는 무엇보다 현재 가격에 대한 명확한 인식이 필요합니다. 이때 과거의 주가와 비교하는 것은 매우 유용한 방법입니다. 예를 들어 과거 어떤 시점에서 주가가 10만 원이었고, 그때 영업이익이 1,000억 원이었다고 가정해봅시다. 그런데 지금도 영업이익이 1,000억 원인데 주가가 9만 원이라면, 현재 주가는 과거보다 저평가되어 있다고 판단할 수 있습니다. 즉, 가격과 실적의 관계를 비교하면 현재 주가의 수준을 보다 객관적으로 이해할 수 있습니다.

기술적 분석의 핵심은 결국 가격 분석입니다. 많은 투자자들이 기업의 '가치'만을 중시하고 '가격'을 가볍게 여기지만, 실제로 수익을 결정짓는 것은 가치가 아니라 가격의 움직임입니다. 아무리 가치가 높은 기업이라도 주가가 오르지 않으면 투자자는 수익을 얻을 수 없습니다. 따라서 낮은 가격에 사서 높은 가격에 팔기 위해서는 가격의 흐름을 읽는 능력, 즉 기술적 분석이 필요합니다.

가격을 분석하는 방법은 크게 두 가지입니다. 첫째는 수요와 공급, 둘째는 과거와 현재의 주가 흐름입니다.

가격은 매수세와 매도세의 균형에 의해 결정됩니다. 매수세가 강하면 주가는 오르고, 매도세가 강하면 주가는 내립니다. 따라서 시장에서 어느 쪽의 힘이 더 강한지, 즉 수요와 공급의 균형이 어느 방향으로 기울고 있는지를 꾸준히 살펴야 합니다.

또 하나의 중요한 요소는 주가의 반복 패턴입니다. 주가는 늘 상승 → 고점 → 하락 → 저점의 4단계를 반복합니다. 이 흐름 속에서 현재가 어느 구간에 위치해 있는지를 파악하면, 추세를 읽고 변곡점을 예상할 수 있습니다. 이제 추세와 변곡점을 찾기 위한 대표적인 기술적 분석 방법들을 간단히 살펴보겠습니다.

1. 이동평균선(Moving Average)

가장 기본이면서도 가장 많이 쓰이는 도구입니다. 이동평균선은 일정 기간 동안의 주가 평균을 선으로 이어놓은 것입니다. 예를 들어 20일선은 최근 20일간의 평균 주가, 60일선은 최근 60일간의 평균 주가를 뜻합니다. 주가가 이동평균선 위에 있으면 상승 추세, 아래에 있으면 하락 추세로 봅니다. 또한 단기선이 장기선을 위로 돌파할 때를 '골든크로스', 반대로 아래로 내려갈 때를 '데드크로스'라고 부릅니다. 골든크로스는 매수 신호, 데드크로스는 매도 신호로 해석합니다.

2. 거래량(Volume)

주가의 움직임은 거래량과 함께 봐야 합니다. 거래량은 시장의 에너지, 즉 참여자의 열기를 보여줍니다. 주가가 오르면서 거래량이 늘면 '진짜 상승'일 가능성이 높고, 주가가 오르는데 거래량이 줄면 '일시적 반등'일 가능성이 큽니다. 거래량은 말 그대로 시장 참여자의 심리 변화를 숫자로 보여주는 중요한 지표입니다.

3. 지지선과 저항선(Support & Resistance)

주가가 특정 가격대에서 자주 멈추거나 반등하는 구간이 있습니다. 그 가격대를 '지지선(더 이상 떨어지지 않으려는 구간)' 또는 '저항선(더 이상 오르지 않으려는 구간)'이라고 부릅니다. 주가가 지지선을 깨면 하락 신호, 저항선을 돌파하면 상승 신호로 해석합니다. 즉, 지지선과 저항선은 가격의 벽을 시각적으로 보여주는 지도와 같습니다.

4. 추세선(Trend Line)

추세선은 주가의 흐름을 일직선으로 단순화한 것입니다. 상승 추세선은 저점을 이은 선, 하락 추세선은 고점을 이은 선입니다. 주가가 상승 추세선을 지키면 상승세가 유지되고 있다고 보고, 그 선을 깨면 하락 전환의 신호로 판단합니다. 추세선은 변곡점을 미리 감지할 수 있는 가장 직관적인 도구입니다.

기술적 분석은 미래를 정확히 예측하는 도구가 아닙니다. 다만 확률적으로 유리한 지점을 찾는 도구입니다. 결국 투자란 확률의 싸움입니다. 확률이 높은 자리에 머물고, 위험이 큰 자리를 피하는 것, 그것이 기술적 분석이 우리에게 주는 가장 큰 의미입니다. 즉, 차트를 본다는 것은 단순히 선을 보는 일이 아니라, 사람들의 심리와 돈의 흐름을 읽는 일입니다. 그래서 기술적 분석은 어렵게 보이지만, 본질은 단순합니다. "지금 시장은 어떤 감정 위에 서 있는가?" 이 질문에 답할 수 있을 때, 우리는 비로소 차트 너머의 진짜 시장을 볼 수 있습니다.

가격이 가치보다
싼 주식을 찾아라

투자 종목 리스트를 만들 때, 기술적 분석보다 기본적 분석 방법을 추천합니다. 예를 들어 수출이 증가하는 회사를 선정하고 대상 회사를 기본적 분석 방법을 활용하면 투자 종목 선정이 가능합니다.

기본적인 분석에는 다시 두 가지 방법이 있습니다. 바로 '가치 분석'과 '성장 분석'입니다. 쉽게 말해 회사의 현재 가치를 분석하는 방법과 회사의 미래 성장 가능성을 분석하는 방법입니다. 가치는 현재를 말하고 성장은 미래를 의미합니다. 결국 기업은 두 가치가 상존합니다. 하나는 현재 보유한 자산의 가치이고, 다른 하나는 미래의 가치입니다. 회사를 분석할 때 현재와 미래 가치를 모두 고려해야 하지만 접근 방법은 다릅니다.

현재 가치와 함께 성장을 분석하기 위해서는 우선 재무제표에 대한 이해가 필요합니다. 주식투자를 위해서는 한 번은 꼭 배우고 알아야 할 내용입니다. 인내심을 가지고 읽어보시기 바랍니다.

재무제표는 회사의 성적표입니다. 회사가 현재 얼마나 자산을 가지고 있는지, 돈을 벌고 있는지, 사업을 잘하고 있는지를 나타냅니다. 재무제표는 재무상태표와 손익계산서, 그리고 현금흐름표로 구성됩니다. 재무상태표를 통해 회사의 자산 상태를 파악할 수 있습니다. 손익계산서는 회사가 얼마나 돈을 버는지를 나타내는 표입니다. 현금흐름표는 일정 기간 동안 현금의 증감을 파악해서 회사가 사업을 잘하고 있는지를 보여줍니다.

재무상태표는 자산과 부채, 그리고 자본(순자산)으로 구성되어 있습니다. 자산은 회사가 가지고 있는 재산을 의미합니다. 사업을 하기 위한 현금과 예금, 원재료, 공장이나 사무실, 컴퓨터 등이 자산입니다. 자산은 회사가 보유한 자산 종류별로 표현되어 있습니다(원칙적으로 자산은 취득한 당시의 가격으로 표시됩니다).

한편 자산을 구매하려면 자금이 필요합니다. 자금을 어떻게 조달했는지를 정리한 것이 부채와 자본(순자산)입니다. 다르게 표현하면 부채와 자본은 돈을 어떻게 조달했는가를, 자산은 돈을 어떻게 사용했는가를 보여줍니다. 그렇기 때문에 자산은 부채와 자본(순자산)의 합과 같습니다.

> 자산 = 부채 + 자본(순자산)
>
> 자산 10,000원
>
> 부채 5,000원
>
> 자본(순자산) 5,000원

쉬워 보이지만 부채와 자본(순자산)의 차이를 이해하는 것이 재무상태표의 핵심입니다. 부채와 순자산은 큰 차이점이 있습니다. 부채는 반드시 갚아야 하는 돈이라면, 자본(순자산)은 상환할 필요가 없는 돈입니다. 은행에서 돈을 빌리면 언젠가는 반드시 돌려줘야 합니다. 바로 부채입니다. 원재료를 구입한 뒤에 대금을 지급하지 않는 외상매입금, 직원들에게 미래에 지급해야 할 퇴직금도 부채에 포함됩니다.

반면 자본(순자산)은 주주가 출자한 돈과 사업으로부터 창출된 이익의 합산(이익잉여금)입니다. 기본적으로 자산에서 자본(순자산)이 차지하는 비중이 높을수록 회사가 안정적이라고 판단할 수 있습니다. 자기자본비율을 계산하는 이유입니다. 자기자본은 자본(순자산)과 같은 의미입니다. 자기자본비율은 다음과 같이 계산합니다.

> 자기자본비율 = 자기자본(순자산) ÷ 자산

조금 더 들어가 보겠습니다. 우선 자산입니다. 자산은 유동자산과 비유동자산으로 구별합니다. 유동자산은 현금 및 예금, 단기금융상품, 매출채권, 재고자산 등을 말합니다. 일반적으로 1년 이내에 현금화가 가능한 자산을 의미합니다. 유동자산이 전체 자산에서 차지하는 비중이 높을수록 회사의 유동성이 높다고 판단할 수 있습니다. 비유동자산은 유동자산 이외 자산으로 장기에 걸쳐 사용할 예정인 자산입니다. 부동산이 대표적인 비유동자산입니다.

부채도 유동부채와 비유동부채로 나눌 수 있습니다. 유동부채에는 구매했지만 거래처에 지급하지 않은 매입채무, 1년 이내에 상환해야 하는 단기차입금, 지급 의무가 있는 미지급금 등이 포함됩니다. 유동부채가 많을수록 재무 부담이 크다고 말할 수 있습니다. 반면 1년 이상 장기적으로 상환해야 하는 부채는 비유동부채에 해당합니다. 대표적으로 직원들의 퇴직금이 해당됩니다.

재무상태표를 본다면 유동자산이 유동부채보다 많을수록 안정적인 회사라고 판단할 수 있습니다. 참고로 삼성전자(연결)는 2025년 상반기 기준으로 유동자산은 212조 원이고, 유동부채는 84조 원입니다. 유동자산 중에서 현금과 단기금융상품은 100조 원에 달합니다.

자본(순자산)은 자본금과 자본잉여금, 그리고 이익잉여금으로 나눌 수 있습니다. 자본금과 자본잉여금은 둘 다 주주가 출자한 돈으로 사업을 하기 위한 자금이라고 할 수 있습니다. 이익잉여금은 기업이 얻은 이익의 축적을 의미합니다. 당기순이익이 발생하면 이익잉여금으로 합산됩니다. 이익잉여금은 그동안 기업이 발생시킨 당기순이익의 합산이라고 보면 됩니다.

자본금과 자본잉여금은 사업 자금입니다. 이익잉여금은 사업 자금으로 벌어들인 돈이라고 할 수 있습니다. 이때 중요한 것은 배당입니다. 회사는 배당가능이익의 한도 내에서 주주에게 배당할 수 있습니다. 이때 배당가능이익은 회사가 영업활동을 통해 벌어들인 순이익이 누적된 부분, 즉 이익잉여금을 말합니다. 이익잉여금이 많을수록 배당 가능 부분이 크다고 판단할 수 있습니다. 배당을 하면 배당금만큼 이익잉여금이 감소하게 됩니다.

자사주를 매입하는 경우에도 자본(순자산)이 변동됩니다. 자사주 매입은 기업이 시장에서 유통되는 자사의 주식을 매입하는 것을 의미합니다. 자사주를 매입하면 기타자본항목이라는 이름으로 자사주 매입 금액만큼 감액해줍니다. 예를 들어 자본이 1만 원인 기업이 100원만큼 자사주를 매입하면 자본 10,000원 - 기타자본항목(자사주) 100원 = 9,900원이 됩니다. 자사주를 매입하면 자본(순자산)에 마이너스 항목으로 계상되어 순자산의 합계가 줄어든다는 점을 기억하시기 바랍니다.

이번에는 손익계산서를 살펴보겠습니다. 다음 표를 보겠습니다. 손익계산서의 구조는 간단합니다.

매출액	10,000원
매출원가	-8,000원
매출총이익	2,000원
판매비와 관리비	-500원
영업이익	1,500원
기타수익	100원
기타비용	-100원
금융수익	200원
금융비용	-150원
법인세차감전순이익	1,550원
법인세비용	-155원
당기순이익	1,395원

손익계산서를 보면 매출액에서 분류된 비용을 순서대로 차감하고 이익을 더해 최종적으로 당기순이익을 산출하는 과정을 보여줍니다.

> 수익 - 비용 = 이익

이익은 매출총이익과 영업이익, 법인세차감전순이익, 그리고 당기순이익으로 나눌 수 있습니다. 라면을 만들어 판매하는 짱라면 회사가 있습니다. 1년 동안 매출액이 1만 원이었습니다. 매출액은 해당 기간 동안 상품이나 서비스를 판매한 금액을 말합니다. 다음 항목은 매출원가로 8,000원이 투입되었습니다. 라면을 만들기 위한 원재료비, 전기료, 제조 관련 인건비 등이 매출원가에 속합니다. 매출원가를 볼 때 중요한 점은 팔린 제품의 원가만 고려한 다는 점입니다. 제품을 만들기 위해 아무리 많은 원재료를 구매하더라도 팔리지 않으면 매출원가가 아니고 재고자산으로 표시됩니다. 따라서 매출이 아무리 양호하더라도 재고자산이 엄청나게 증가하고 있다면 좋다고 판단할 수 없습니다. 매출에서 매출원가를 빼면 매출총이익이 계산됩니다. 매출총이익률은 매출총이익을 매출액으로 나누어 비율을 계산합니다. 짱라면 회사의 매출총이익률은 2,000원을 1만 원으로 나눈 20%가 됩니다.

매출총이익에서 판매비와 관리비를 제외하면 영업이익이 계산됩니다. 판매비와 관리비, 줄여서 부르는 판관비는 제품을 제조하거나 서비스를 제공하는 데 직접 관련이 없는 비용을 말합니다. 따라서 매출원가와 구별됩니다. 판관비에 해당되는 비용을 보면 광고비, 영업비용, 임대료, 제조부문 이외의 회계부서 등에서 일하는 직원들의 인건비가 포함됩니다. 영업이익은 매출총이익에서 판관비를 제외해 산출됩니다. 본업에서 나오는 진짜 이익이라고 보시면 됩니다.

짱라면 회사의 영업이익은 1,500원입니다. 영업이익률은 매출에서 영업이익이 차지하는 비율을 의미하며 짱라면 회사의 영업이익률은 15%입니다. 높은 수준일까요? 영업이익률은 같은 사업을 하는 회사와 비교하면 수준을 판단할 수 있습니다. K-푸드의 선두주자 불닭볶음면을 생산하는 삼양식품의 최근 영업이익률은 20% 수준입니다. 짱라면의 영업이익률이 높지 않다고 판단해볼 수 있습니다. 참고로 우리나라 상장회사 중에서 가장 높은 영업이익률은 50% 수준입니다.

지금까지 설명한 매출액부터 영업이익까지는 회사의 본업에서의 실적을 나타냅니다. 회사는 본업 이외에서도 수익을 올리거나 비용이 발생되기도 합니다. 예를 들어 보유 중인 주식에서 배당금이 들어오거나 은행에서 돈을 빌렸다면 이자를 지급해야 합니다. 영업이익 밑으로 표시된 항목들은 본업 이외에서 발생한 수익, 비용을 나타냅니다.

짱라면 회사를 보면 영업이익 1,500원에서 영업외수익을 더하고 영업외비용을 차감해주면 법인세차감전순이익 1,550원이 계산됩니다. 마지막으로 법인세 비용을 빼면 최종적으로 당기순이익이 산출됩니다.

현금흐름표는 회사의 실제 돈의 흐름을 보여주는 재무제표입니다. 손익계산서가 '얼마를 벌었는가'를 보여준다면, 현금흐름표는 '돈이 실제로 들어오고 나간 흐름'을 보여줍니다. 현금흐름표가 필요한 이유는 무엇일까요? 그것은 이익과 실제 현금흐름이 불일치하는 경우가 많기 때문입니다.

예를 들어 900원 비용을 들여 만든 제품을 1,000원에 판매한다면 이익은 100원이 됩니다. 매출액과 이익은 제품이나 서비스가 제공된 시점에서 인식되므로 매출액 1,000원과 이익 100원은 해당 회계 기간 손익계산서에 기입됩니다.

실제로 현금흐름은 다를 수 있습니다. 제품을 판매하더라도 현금을 바로 못 받을 수 있습니다. 원재료를 외상으로 매입할 수 있습니다. 손익계산서만으로 현금이 얼마나 나가고 들어오는지 알 수가 없습니다. 손익계산서와 재무상태표만으로는 알 수 없는 기업의 현금과 예금의 흐름을 보여주는 표가 현금흐름표입니다. 그리고 현금흐름표를 통해 기업의 장래성도 알 수 있습니다.

현금흐름표는 세 가지 부문으로 나뉩니다.

> **영업활동 현금흐름, 투자활동 현금흐름, 재무활동 현금흐름**

영업활동 현금흐름에는 업무를 통해 현금이 얼마나, 어떤 형태로 기업으로 들어오고 나오는지가 정리되어 있습니다. 투자활동 현금흐름에는 회사가 투자에 현금을 얼마나 사용하고, 얼마나 회수하고 있는지가 나타납니다. 예를 들어 공장 기계를 사기 위해 현금을 지출했다면 마이너스가 되고, 투자했던 채권을 매각해 현금이 들어왔다면 플러스로 표시됩니다. 마지막으로 재무활동으로 인한 현금흐름에는 문자 그대로 재무활동을 통해 자금이 얼마나 들어오고 나갔는지가 나타납니다. 은행에서 돈을 빌리거나 유상증자를 한 경우 플러스, 자사주를 매입하거나 배당, 차입금 상환은 마이너스가 됩니다.

이렇게 계산된 기말 현금 잔액은 단순한 숫자가 아닙니다. 한 해 동안 회사가 얼마나 효율적으로 돈을 벌고, 투자하고, 자금을 운용했는지가 담겨 있습니다. 현금흐름표를 보면 기업이 '이익이 나는 회사'인지, '실제로 돈을 버는 회사'인지 구분할 수 있습니다. 현금흐름표는 기업의 건강 상태를 보여주는 혈액순환도입니다. 이익이 많아도 현금이 돌지 않으면 버티기 어렵습니다. 반대로 이익이 적더라도 현금이 꾸준히 들어오면 회사는 살아 있습니다.

현금흐름표는 장래 성장성을 판단하는 단서이기도 합니다. 영업활동 현금흐름이 꾸준히 플러스이고 투자활동 현금흐름이 마이너스라면 영업으로 번 돈을 미래를 위한 투자에 쓰고 있다는 뜻입니다. 공장 설비 확충, 신제품 개발, 연구개발 투자 등 장기 성장을 위한 긍정적 신호로 볼 수 있습니다. 반대로 영업활동 현금흐름이 마이너스인데도 투자나 배당에 돈을 쓴다면 빚으로 회사를 운영하거나 단기적 미봉책에 의존하고 있을 가능성이 큽니다.

이익은 회계 기준에 따라 조정될 수 있지만 현금은 거짓말을 하지 않습니다. 현금의 흐름을 보면 회사가 얼마나 건강한지, 미래를 위해 어떤 선택을 하고 있는지 읽을 수 있습니다. 현금흐름표를 읽는 일은 단순한 숫자 해석이 아니라 회사의 현재와 미래를 함께 보는 통찰의 과정입니다.

재무제표의 숫자 중에 의미 없는 것은 없습니다. 그 안에는 노동자의 땀과 현장의 노력, 사무실에서 밤을 새운 사람들의 시간, 그리고 경영자의 고민과 신입사원의 설렘까지 모두 녹아 있습니다. 재무제표는 머리로 읽는 것도 중요하지만, 마음으로 읽는 법도 배워야 합니다. 그래야 진짜 투자를 할 수 있습니다.

자, 이제 본격적으로 기본적 분석 방법인 가치 분석과 성장 분석을 통해 종목 선정을 하는 방법을 배워보도록 하겠습니다. 우선 가치 분석입니다. 가치 분석을 하기 전에 가치(Value)와 가격(Price)의 차이가 무엇인지를 알아야 합니다.

워런 버핏이 이렇게 말했습니다. "가격은 당신이 지불하는 것이고, 가치는 당신이 얻는 것이다(Price is what you pay, value is what you get)." 짧은 문장이지만, 가격과 가치의 차이를 명확하게 짚어줍니다. 가격은 내가 내야 하는 돈이고, 가치는 내가 얻는 것입니다. 우리가 물건을 살 때도 마찬가지입니다. 가격이 아니라 가치를 봐야 합니다. 가격이 싸다고 무조건 좋은 선택은 아닙니다. 할인에 이끌려 물건을 샀지만, 실제로 얻는 게 없다면 그건 낭비입니다.

주식투자에서도 똑같습니다. 주가가 싸 보여도 가치가 없다면 그건 싸게 산 것이 아니라 잘못 산 것입니다. 가치 분석에서 끝나는 것이 아니라 가치 평가를 해야 하는 이유입니다. 가치 평가는 기업가치를 분석한 이후 주식 가격과 비교하는 것을 의미합니다.

재무상태표를 통한 가장 대표적인 가치 평가 방법은 PBR입니다. 다시 한번 PBR을 살펴보겠습니다. PBR(Price to Book Ratio)은 말 그대로 '주가가 회사의 순자산가치에 비해 얼마만큼 비싼지, 혹은 싼지를 나타내는 지표'입니다. 조금 더 쉽게 말하자면, 회사를 통째로 청산했을 때 남는 자산가치와 비교해 지금 주식이 비싼가 싼가를 보는 기준입니다. 계산 방법은 간단합니다.

> PBR = 주가 ÷ 주당순자산

여기서 '주당순자산(Book-value Per Share, BPS)'은 회사의 자산에서 부채를 뺀 금액, 즉 순자산을 주식 수로 나눈 값입니다. 예를 들어 어떤 회사의 자산이 2조 원이고 부채가 1조 원이면 순자산은 1조 원입니다. 순자산이 1조 원이고 발행주식이 1억 주라면, 한 주당 순자산은 1만 원입니다. 시장에서 이 회사 주식이 2만 원에 거래된다면, PBR은 2배입니다. 즉, 시장은 이 회사의 주가를 장부가치의 두 배로 평가하고 있다는 뜻입니다.

PBR이 1보다 낮다면 '회사가 가진 순자산보다 주식이 싸게 거래되고 있다'는 의미입니다. 반대로 1보다 높다면 '자산가치 이상으로 평가받고 있다'는 뜻이죠. 하지만 단순히 숫자만 보고 싸다거나 비싸다고 단정할 수는 없습니다. 은행이나 보험처럼 자산이 실질 가치와 비슷한 업종은 PBR 1배가 적정할 수 있지만, 기술력이나 브랜드가 중요한 IT 기업은 무형자산의 가치가 크기 때문에 3배, 5배의 PBR도 정당화될 수 있습니다.

결국 PBR은 '회사의 기초 체력'을 보는 눈금자입니다. 회사가 실제로 가지고 있는 순자산 대비 시장이 얼마나 프리미엄을 주고 있는지, 혹은 할인하고 있는지를 보여주는 지표입니다. 투자자는 이 눈금자를 통해 시장의 평가가 과도한지, 아니면 저평가되어 있는지를 판단할 수 있습니다.

PBR을 단순하게 판단하면 1배를 기준으로 설정할 수 있습니다.

1배 이하:
자산가치보다 싸다 → 시장이 비관적이거나 성장성이 낮다고 보는 경우

1배 이상:
자산가치보다 비싸다 → 시장이 성장성이나 수익성을 높게 평가하는 경우

PBR은 단순한 숫자처럼 보이지만, 그 안에는 시장의 기대와 불안, 신뢰와 의심이 모두 담겨 있습니다. 그래서 재무상태표를 통해 회사를 평가할 때, PBR은 출발점이자 나침반이 될 수 있습니다.

　다음 표는 주식시장에 상장된 S회사의 실제 재무제표 중에서 재무상태표입니다.

항목	금액(억 원)
자산	
I. 유동자산	2,626
(1) 현금 및 현금성 자산	59
(2) 단기금융상품	1,762
(3) 매출채권 및 기타유동채권	262
(4) 기타유동자산	64
(5) 재고자산	480
II. 비유동자산	2,193
자산총계	4,820
부채	
I. 유동부채	549
II. 비유동부채	383
부채총계	932
자본	
I. 자본금	42
II. 자본잉여금	725
III. 기타자본구성요소	583
IV. 이익잉여금(결손금)	2,538
자본총계	3,888
자본과 부채총계	4,820

복잡해 보이지만 간단하게 분석할 수 있습니다. 자산총계는 4,820억 원이고, 부채총계는 932억 원입니다. 그리고 자본총계는 3,888억 원입니다. 회사의 시가총액은 846억 원입니다. 그렇다면 쉽게 PBR을 구할 수 있습니다. 시가총액 846억 원을 자본총계인 3,888억 원으로 나누어주면 PBR은 0.2배로 계산됩니다. 단순하게 보면 지나치게 저평가되어 있다고 판단할 수 있습니다.

손익계산서를 통한 가장 대표적인 가치평가 방법은 PER(Price to Earnings Ratio)입니다. PER은 '주가가 회사가 벌어들이는 이익에 비해 얼마만큼 비싼지, 혹은 싼지를 나타내는 지표'입니다. 조금 더 쉽게 말하면, 지금의 주가가 회사의 연간 이익의 몇 배로 평가되고 있는지를 보여주는 기준입니다.

계산 방법은 다음과 같습니다.

> PER = 주가 ÷ 주당순이익

여기서 '주당순이익(Earnings Per Share, EPS)'은 회사의 당기순이익을 발행주식 수로 나눈 값입니다. 예를 들어 어떤 회사의 연간 순이익이 1,000억 원이고 발행주식이 1억 주라면 주당순이익은 1,000원이 됩니다. 만약 주가가 1만 원이라면 PER은 10배입니다. 즉, 투자자는 이 회사가 벌어들이는 이익의 10년 치를 주가로 미리 지불하고 있는 셈입니다.

PER이 10배라는 말은 '이 회사가 지금처럼 매년 같은 이익을 낸다면, 10년이 지나야 내가 투자한 돈을 회수할 수 있다'는 뜻입니다. PER이 낮을수록 '이익 대비 주가가 싸다'는 의미이고, 반대로 높을수록 '이익 대비 주가가 비싸다'는 뜻입니다. 하지만 여기에서도 단순한 수치만으로 결론을 내릴 수는 없습니다.

PER이 낮다고 해서 무조건 좋은 투자처는 아닙니다. 시장이 그 회사의 성장성을 낮게 보거나, 이익이 일시적으로 높아진 경우일 수도 있습니다. 반대로 PER이 높다고 해서 반드시 거품이 낀 것도 아닙니다. 애플, 엔비디아 같은 기업들은 높은 성장성과 혁신에 대한 기대 덕분에 PER이 30~40배를 넘어도 투자자들은 그 가치를 인정합니다.

결국 PER은 '이익의 질'을 보는 눈금자입니다. 회사가 얼마를 벌고 있는지뿐 아니라 그 이익이 얼마나 지속 가능한지, 미래에도 성장할 수 있는지를 함께 판단해야 합니다.

간단한 기준은 PER 10배로 설정할 수 있습니다.

PER 10배 이하:
이익 대비 주가가 낮다 → 시장이 비관적이거나 성장성이 낮다고 보는 경우

PER 20배 이상:
이익 대비 주가가 높다 → 시장이 성장성이나 수익성을 높게 평가하는 경우

PER은 단순한 계산식처럼 보이지만, 그 안에는 시장의 믿음과 기대, 그리고 기업의 미래가 녹아 있습니다. 손익계산서를 통해 회사를 본다는 것은, 지금 이 회사가 얼마나 벌고 있고 앞으로 얼마나 더 벌 수 있을지를 보는 일입니다. 그래서 PER은 기업의 '현재 이익'과 '미래 가치'를 연결하는 가장 중요한 다리입니다.

　　다음 표는 재무상태표로 살펴본 S회사의 손익계산서입니다. 매출액부터 영업이익, 그리고 당기순이익까지 절차대로 살펴볼 수 있습

항목	금액(억 원)
I. 매출액	2,390
II. 매출원가	2,117
III. 매출총이익	192
IV. 판매비와 관리비	179
V. 영업이익(손실)	13
VI. 금융수익	63
VII. 금융비용	0
VIII. 지분법이익(손실)	76
IX. 기타수익	110
X. 기타비용	11
XI. 법인세비용차감전순이익(손실)	251
XII. 법인세비용(수익)	31
XIII. 당기순이익(손실)	220
XIV. 기타포괄손익	35
XV. 총포괄손익	255
XV. 주당이익	
(1) 기본주당이익(손실) (단위: 원)	2,631

니다. 가장 밑에 주당순이익이 계산되어 있습니다. 회사의 주가가 1만 원이기 때문에 PER은 주가 1만 원을 주당순이익 2,631원으로 나눈 3.8배로 계산됩니다.

 S회사의 재무제표를 통해 계산된 수치를 보면 PBR은 0.2배, PER은 3.8배입니다. PBR은 재무상태표를 기반으로, 회사의 순자산(자본)을 기준으로 한 '주가 대비 자산가치'를 보여줍니다. PER은 손익계산서를 기반으로, 회사가 벌어들이는 이익에 비해 '가격 대비 수익성'을 보여주는 지표입니다. 즉, PBR이 낮다는 것은 자산가치에 비해 주가가 낮게 평가되어 있다는 뜻이고, PER이 낮다는 것은 이익에 비해 주가가 저렴하다는 뜻입니다.

 그런데 이 두 지표는 따로 떼어놓고 보면 오해하기 쉽습니다. PBR이 낮다고 무조건 저평가된 것은 아니며, PER이 낮다고 무조건 싸다고 말할 수도 없습니다. 두 지표는 서로 연결되어 있습니다. PBR은 '자본'의 가치, PER은 '이익'의 가치를 보여줍니다. 따라서 이익이 얼마나 자본을 효율적으로 사용하고 있는가, 즉 자기자본이익률(ROE)이 두 지표의 연결고리가 됩니다.

 ROE는 쉽게 말해 회사가 자기 돈(자본)으로 얼마만큼의 이익을 내는지를 보여주는 지표입니다. 예를 들어 자기자본이 1,000억 원인 회사가 100억 원의 순이익을 냈다면 ROE는 10%입니다. 즉, 자기 돈 100원을 투자해 10원을 벌어들인 셈입니다.

ROE가 높을수록 회사는 자본을 효율적으로 굴리고 있다는 뜻입니다. 같은 산업 내에서 ROE가 높다는 것은 경영 효율이 좋고, 이익 창출력이 뛰어나다는 의미이기 때문에 시장에서 더 높은 PER과 PBR로 평가받습니다. 반대로 ROE가 낮다면 자본을 잘 활용하지 못한다는 뜻이므로 주가도 낮게 머물 가능성이 큽니다.

결국 ROE는 PBR과 PER을 잇는 다리이자, 기업이 얼마나 '돈을 잘 버는 회사'인지 알려주는 가장 핵심적인 지표입니다. 이 관계는 다음과 같은 공식으로 표현할 수 있습니다.

$$PBR = PER \times ROE$$

이 공식은 매우 단순하지만, 기업의 평가 수준을 이해하는 핵심 열쇠입니다. 예를 들어 A회사의 PER이 3.8배이고, ROE가 5%라고 가정해보겠습니다. 그렇다면 PBR은 3.8 × 0.05 = 0.19배 정도로 계산됩니다. 즉, 현재의 0.2배 수준은 이익률을 감안했을 때 합리적인 수준일 수 있습니다. 하지만 만약 ROE가 15%라면 이야기가 달라집니다. 3.8 × 0.15 = 0.57배가 되어야 하는데, 실제 PBR이 0.2배라면 시장은 이 회사를 지나치게 낮게 평가하고 있는 셈입니다. 이 경우 진정한 의미의 '저평가'라고 할 수 있습니다. 이처럼 PBR과 PER은 함께 봐야 합니다. PER은 이익의 크기를, PBR은 그 이익이 쌓인 자본의 가치를 보여줍니다. 둘 중 하나만 보고 판단하면 기업의 가치를 놓칠 수 있습니다.

예를 들어 같은 제조업 내의 두 회사를 비교해봅시다. A회사는 PER 3.8배, PBR 0.2배이고, B회사는 PER 10배, PBR 1.0배라고 가정해보겠습니다. 겉으로 보면 A회사가 훨씬 싸 보입니다. 하지만 B회사는 매년 ROE가 15% 수준으로 꾸준하고, A회사는 4~5% 수준에 머물러 있다면 시장이 B회사에 더 높은 평가를 주는 것이 당연합니다. 즉, 싸게 보인다는 이유만으로 A회사를 선택하면, 오히려 '싸지만 계속 싸게 거래되는 주식'에 머물 가능성이 큽니다.

반대로 같은 업종에서 비슷한 ROE를 내는 기업인데도 PBR이 유독 낮다면, 그때는 진짜 저평가 가능성을 의심해볼 만합니다. 예를 들어 은행업종에서 대부분의 PBR이 0.5배 내외인데 특정 은행의 PBR이 0.3배에 머물고 있다면, 그 이유를 찾아봐야 합니다. 일시적인 부실자산 때문인지, 혹은 시장이 과도하게 위험을 반영하고 있는 것인지 분석해야 합니다. 만약 특별한 문제없이 수익성이 유지되고 있다면, 이는 명확한 저평가 구간입니다.

결국 저평가 판단은 숫자 하나로 끝나는 일이 아닙니다. PBR과 PER은 서로 연결되어 있고, 그 관계 속에서 기업의 체질과 시장의 시선을 동시에 읽어야 합니다. 또한 절대적인 수치만 보지 말고 같은 업종 내 다른 기업들과의 상대적 위치를 함께 살펴야 합니다. 같은 업종의 평균 PER과 PBR보다 현저히 낮은데 이익이 꾸준하다면, 그것이 바로 시장이 아직 제대로 알아보지 못한 '발견의 기회'입니다.

투자에서 중요한 것은 싸 보이는 주식이 아니라, 싸게 평가받고 있는 이유를 이해하는 일입니다. PBR과 PER의 관계를 함께 보고, 같은 업종 내 기업들과 비교하는 습관이 생기면, '싼 주식'을 찾는 눈이 아니라 '가치 대비 싸게 거래되는 주식', 즉 진짜 의미의 저평가 기업을 발견하는 눈을 갖게 됩니다.

배당이 증가할 수 있는
회사를 찾아라

주식투자는 시세차익뿐 아니라 배당으로도 수익을 얻을 수 있습니다. 주가가 상승하면 좋지만, 주가가 오르지 않아도 배당으로 꾸준히 현금흐름을 만들 수 있습니다. 그래서 어떤 사람들에게 주식은 '배당이 나오는 예금'이기도 합니다. 그렇다면 배당주는 어떻게 고르면 좋을까요?

조건이 필요합니다. 먼저 당연히 배당수익률이 높아야 합니다. 배당수익률(Dividend Yield)은 연간 배당을 현재 주가로 나눈 값입니다. 현재 주가가 1만 원이고 회사가 일 년 동안 배당을 500원 지급한다면 연간 배당수익률은 5%입니다. 배당수익률이 높은 주식에 투자해야 합니다. 한국거래소(KRX) 정보데이터시스템에 들어가면 기업별 배당수익률을 쉽게 확인할 수 있습니다.

하지만 단순히 배당수익률이 높다고 해서 좋은 배당주라고 할 수는 없습니다. 배당은 '얼마를 주느냐'보다 '얼마나 꾸준히 줄 수 있느냐'가 더 중요합니다. 가장 이상적인 배당주는 높은 배당수익률과 함께 배당의 지속가능성을 갖춘 회사입니다.

한샘은 최근 1주당 8,530원의 현금배당을 실시했습니다. 현재 주가 기준으로 계산하면 배당수익률이 약 20%에 달합니다. 배당수익률만 보면 매우 매력적입니다. 하지만 배당의 원천을 보면 이야기가 달라집니다. 한샘은 2024년에 회사 사옥을 매각해 그 자금으로 특별 배당을 실시했습니다. 일시적인 이익이었고, 앞으로 더 이상 팔 사옥도 없습니다. 즉, 20%의 배당수익률은 지속 가능한 배당이 아니라 일회성 이벤트였습니다.

배당주를 고를 때는 배당수익률뿐 아니라 배당의 지속가능성을 함께 봐야 합니다. 지속가능성을 판단할 수 있는 대표적인 지표가 바로 배당성향(Payout Ratio)입니다. 배당성향은 순이익 중 몇 퍼센트를 배당으로 지급했는지를 보여줍니다. 공식은 간단합니다.

> **배당성향 = 현금배당총액 ÷ 당기순이익**

2024년 한샘의 경우, 현금배당총액이 1,416억 원, 연결 기준 당기순이익이 1,511억 원입니다. 따라서 배당성향은 약 94%입니다. 이는 회사가 벌어들인 이익의 94%를 배당으로 지급했다는 뜻입니다. 겉으로는 주주에게 관대한 회사처럼 보이지만, 실제로는 미래를 위한 투자 여력이 거의 없는 상태입니다. 매년 이익의 90% 이상을 배당하면, 설비투자나 연구개발, 불확실성에 대비할 자금이 남지 않습니다. 그렇기 때문에 배당성향이 지나치게 높으면 오히려 위험 신호로 해석할 수 있습니다.

일반적으로 지속 가능한 배당성향은 30~40% 수준으로 봅니다. 이익의 일부는 주주에게 돌려주고, 나머지는 회사의 성장을 위해 재투자하는 구조가 건강하기 때문입니다. 이익이 늘어나면 배당도 자연스럽게 늘어납니다. 결국 이익이 성장하는 회사에서 배당도 증가해야 합니다. 이것이 바로 진정한 '배당성장주'의 모습입니다.

미국의 대표적인 배당 기업 중 하나인 코카콜라는 지난 60년간 한 해도 빠짐없이 배당을 늘려왔습니다. 코카콜라의 비결은 높은 이익률과 안정적인 현금흐름이었습니다. 제품은 변하지 않았지만 이익이 꾸준히 증가했고, 그에 따라 배당도 함께 늘어났습니다. 주가가 오르지 않아도 배당이 쌓이면서 장기 보유한 투자자에게 막대한 수익을 안겨줬습니다.

세계적인 투자자 존 템플턴은 이렇게 말했습니다. "가장 좋은 투자는 배당이 꾸준히 늘어나는 기업을 찾는 것이다." 진정한 배당투자는 단기 수익이 아니라 시간과 함께 커지는 현금흐름을 얻는 일입니다. 눈앞의 높은 수익률보다 지속적인 배당 증가와 이익 성장의 선순환 구조를 가진 회사를 찾는 것이 더 중요합니다.

좋은 배당주는 세 가지 조건을 갖추어야 합니다. 첫째, 배당수익률이 높을 것. 단순히 숫자가 아니라 시장금리보다 충분히 매력적이어야 합니다. 둘째, 배당성향이 30~40%로 안정적일 것. 과도하지도, 지나치게 낮아서도 안 됩니다. 셋째, 이익이 성장하고 있을 것. 배당의 원천은 언제나 '이익'입니다.

배당은 결국 '미래의 약속'입니다. 오늘의 배당보다 내일 더 큰 배당을 줄 수 있는 회사를 찾는 일, 그것이 진짜 배당투자입니다. 배당은 주가처럼 흔들리지 않습니다. 시간이 흘러도 배당은 꾸준히 쌓입니다. 그 꾸준함이 바로 장기투자의 힘이고, 시장이 흔들릴 때 우리를 지켜주는 진짜 수익입니다.

배당투자는 단순히 현금을 받는 수동적인 행위가 아닙니다. 오히려 장기적으로 보면 복리 투자를 실현하는 가장 좋은 방법입니다. 이유는 간단합니다. 배당은 단순하게 보면 '현금흐름'을 만들어주지만, 그 현금을 다시 투자에 돌리면 '성장하는 현금흐름'으로 바꿀 수 있기 때문입니다.

연 5%의 배당수익률을 가진 주식이 있다고 가정해보겠습니다. 매년 100만 원어치를 보유하면, 5만 원의 배당을 받게 됩니다. 이 배당을 소비하지 않고 다시 같은 주식을 사면, 다음 해에는 105만 원이 투자되어 배당금은 5만 2,000원이 됩니다. 이 과정을 10년, 20년 반복하면 배당금은 눈에 띄게 커집니다. 배당을 재투자하는 순간 이자는 이자를 낳고, 주식은 주식을 낳는 복리의 기적이 시작됩니다.

이런 전략을 '배당 재투자(Dividend Reinvestment)'라고 합니다. 가장 단순하면서도 강력한 배당주 투자법입니다. 워런 버핏처럼 위대한 장기투자자들도 이 방법을 꾸준히 실천해왔습니다. 중요한 것은 '누구나 할 수 있다'는 점입니다. 특별한 재능이나 타이밍 감각이 필요하지 않습니다. 시간, 꾸준함, 그리고 절제만 있으면 충분합니다.

배당 재투자는 특히 시장이 흔들릴 때 진가를 발휘합니다. 주가가 하락하면 배당금으로 더 많은 주식을 살 수 있습니다. 즉, 시장이 떨어질수록 더 싸게 복리의 씨앗을 뿌릴 기회가 생기는 것입니다. 이때마다 배당을 다시 투자하는 사람은 시간이 지날수록 보유 주식 수가 늘어나고, 배당금도 함께 불어납니다. 존 보글(John C. Bogle, 인덱스 투자 창시자)은 이렇게 말했습니다. "주식시장은 단기적으로는 감정에 휘둘리지만, 장기적으로는 배당이 진짜 수익을 만든다." 그의 말처럼, 시장의 소음과 단기 변동을 넘어 진짜 부를 쌓는 힘은 바로 배당입니다. 배당을 받는 즉시 다시 투자하고, 그 주식이 또 배당을 내면 다시 사들이는 순환. 이 단순한 반복이 시간이 지나면 눈덩이처럼 불어나는 결과를 만듭니다.

배당투자자는 배당금을 '소득'으로 생각하기보다 '재투자 자금'으로 바라봐야 합니다. 배당을 받을 때마다 새로운 주식을 사십시오. 그 주식이 다시 배당을 내면 또 사십시오. 이 과정을 멈추지 않는다면, 주식시장은 어느새 투자자를 위해 일하게 됩니다.

결국 배당투자는 복리를 현실로 만드는 가장 현실적이고 확실한 방법입니다. 배당은 매년 계좌로 들어오는 '현금의 증거'이자, 다시 투자할 수 있는 '시간의 증거'입니다. 주가가 오르지 않아도, 매년 쌓이는 배당금은 스스로 자산을 불려줍니다. 배당을 재투자하는 투자자는 가격의 등락을 두려워하지 않습니다. 주가에 상관없이 매년 주식의 수는 지속 증가하기 때문입니다. 그래서 배당투자는 기다림의 예술이자 복리의 기술입니다. 당장의 변동보다 시간을 믿는 사람에게 배당은 언젠가 가장 확실한 수익으로 돌아옵니다.

어떻게
사고팔 것인가?

여러분은 낙관주의자입니까, 아니면 비관주의자입니까? 세상은 우리에게 늘 "밝은 면을 보라", "긍정적으로 생각하라"고 말합니다. 긍정의 힘을 강조하죠. 물론 긍정적으로 생각하는 것은 중요합니다. 그러나 꼭 기억해야 할 점이 있습니다. 긍정적으로 생각한다고 해서 미래가 달라지지는 않습니다.

투자는 미래를 상대하는 일입니다. 미래는 우리의 생각이나 바람만으로 바뀌지 않습니다. 결국 투자의 성패를 가르는 것은 생각이 아니라 행동입니다. 그리고 그 행동의 본질은 '대응'에 있습니다.

예상치 못한 일이 발생했을 때 우리는 행동을 결정해야 합니다. 그런데 같은 상황에서도 사람마다 다른 행동을 보입니다. 이 차이는 '반응'과 '대응'의 차이에서 비롯됩니다. 반응은 순간의 감정과 충동에 따른 행동입니다. 자극에 즉각적으로 반사되는 움직임이죠. 반면 대응은 한 걸음 물러서서 상황을 분석하고, 그 행동이 불러올 결과를 고려한 뒤에 내리는 결정입니다. 즉, 반응은 즉각적인 행동이고, 대응은 의식적인 판단입니다. 투자에서도 이 구분은 매우 중요합니다. 2024년 12월 19일, 미국 연준이 기준금리를 인하했습니다. 시장은 이미 금리 인하를 예상하고 있었습니다. 하지만 동시에 연준은 2025년 금리 전망치를 기존 3.4%에서 3.9%로 상향했습니다. 이는 금리 인하 속도가 예상보다 느려질 것이라는 의미였습니다. 예상 밖의 발표에 시장은 급격히 반응했습니다. 투자자들은 '금리 인하는 끝났다'고 판단하며 주식을 대거 매도했고, 미국 증시는 단기적으로 크게 하락했습니다.

하지만 이후 시장은 다시 반등했습니다. 결과적으로 매도한 투자자들의 판단은 틀린 것으로 드러났습니다. 그러나 중요한 것은 결과가 아니라 행동을 만든 원인이었습니다. 투자자들의 주식 매도는 '반응'이었지, '대응'이 아니었습니다.

조금만 더 냉정하게 생각해보겠습니다. 미국 중앙은행의 금리 방향성은 여전히 '인하'였습니다. 다만 속도와 시점에 대한 예측이 바뀌었을 뿐이죠. 더구나 그 전망치조차 불과 석 달 전 예측에서 수정된 것입니다. 즉, 3개월 후 또 바뀔 수도 있다는 뜻입니다. 큰 틀의 흐름은 유지되고 있었던 셈입니다.

그런데도 사람들은 불확실성이 커지면 오히려 미래를 더 확실하게 안다고 착각합니다. '금리 인하는 끝났다.' 이렇게 확신하며 감정적으로 움직인 결과가 손실로 이어졌습니다.

반응보다 대응을 하기 위해서는 감정을 줄이는 훈련이 필요합니다. 투자에서 감정의 비중을 줄이는 것은 곧 판단의 정확도를 높이는 일입니다. 어떻게 하면 감정의 반응을 감소시킬 수 있을까요? 공동체의 힘을 빌려 감정을 줄일 수 있습니다. 다른 관점과 경험을 가진 사람들의 조언을 듣는 것은 감정적 편향을 줄이는 좋은 방법입니다. 그리고 변화보다 변하지 않는 것에 집중해야 합니다. 시장은 언제나 변합니다. 그러나 그 속에서도 변하지 않는 원리와 본질이 있습니다. 변하지 않는 것을 찾고 집중해야 감정을 줄이고 현명한 투자가 가능합니다.

미래는 낙관으로만 바뀌지 않습니다. 감정을 넘어선 대응, 그리고 변하지 않는 본질을 이해하려는 노력이 결국 투자에서 우리를 지켜주는 가장 강력한 힘입니다.

앞서 이야기한 '대응'의 핵심은 감정이 아니라 판단에 근거한 행동입니다. 그렇다면 판단은 무엇을 기준으로 해야 할까요? 결국 투자는 행동의 예술이자 판단의 과학입니다. 판단의 기준이 불명확하면 행동도 흔들립니다. 주식투자에서 우리가 어떻게 대응할지를 결정하는 것도, 결국 어떤 기준으로 판단하느냐에 달려 있습니다. 그래서 묻게 됩니다. 주식투자를 판단하는 기준은 무엇이 되어야 할까요?

여러 가지 기준이 있을 수 있습니다. 하나의 정답은 없습니다. 여러 정답 중에서 가장 보편적이고 현명한 방법을 찾아야 합니다. 그중에서 가장 중요하게 생각하는 것이 바로 '기댓값 기준'입니다.

기댓값이
기준이다

　　기댓값은 확률적 사고를 기반으로 합니다. 확률론적 사고는 세상과 투자를 확실성이 아닌 가능성으로 바라보는 관점입니다. 모든 일은 수많은 변수와 불확실성의 조합으로 일어납니다. 그러나 사람들은 확실한 것을 좋아하고, 확실하다고 생각하려 합니다. "이 회사 주식 반드시 오른다"고 말하는 사람은 많지만 "이 회사의 주식이 55% 상승할 것 같다"고 말하면서 투자하는 사람은 많지 않습니다. 투자자는 불확실한 미래에 투자합니다. 높은 확률이 있을 뿐 100%인 투자는 없습니다.

　　사람들은 확률적 사고에 서툽니다. 인간의 뇌가 확률적 판단에 익숙하지 않게 설계되어 있기 때문입니다. 대니얼 카너먼(Daniel

Kahneman)과 아모스 트버스키(Amos Tversky)는 이른바 '휴리스틱과 편향(Heuristics and Biases)' 연구를 통해 이를 증명했습니다. 연구에 따르면 사람들은 확률보다 이야기에 더 설득된다고 합니다. 100번 중 70번 성공할 전략이라도, 한 번 큰 실패를 하면 공포에 지배당합니다. 그래서 투자자는 확률을 알고도 확률대로 행동하지 못합니다.

"이 회사가 망할 확률은 5%다." 이 말을 들으면 대부분은 '망할 수도 있네'라고 생각하며 투자를 피합니다. 하지만 반대로 "성공할 확률이 95%"라고 들으면 '거의 확실하네'라고 생각하죠. 같은 수치지만, 언어의 틀에 따라 감정의 반응이 달라집니다. 이것이 인간이 확률을 '수학적이 아니라 감정적으로' 이해한다는 증거입니다.

냉철한 판단을 유지하고 현명한 투자를 지속하기 위해서는 확률적 사고로 투자 판단을 해야 합니다. 확률적 사고를 하기 위한 세 가지 원칙이 있습니다. 첫째, 결과가 아니라 과정에 집중해야 합니다. 확률적 사고는 결과보다 판단 과정을 평가합니다. 좋은 의사결정은 언제나 높은 확률의 선택을 반복하는 것입니다. 결과가 나빠도 확률 높은 올바른 선택을 했다면 실패가 아닙니다. 나심 탈레브(Nassim Taleb)는 이것을 운의 착각이라고 불렀습니다. 많은 사람이 성공을 자신의 실력으로 여기지만 사실은 운이 작용했음에도 불구하고 이를 인지하지 못합니다. 운이 좋아서 성공했어도 잘못된 과정이었다면 지속될 수 없습니다.

둘째, 확률적 사고를 하기 위해서는 불확실성을 회피하지 말고 관리해야 합니다. 불확실성은 피할 대상이 아니라 대응의 영역입니다. 위험이 있는 곳에 기회가 있고, 변동성이 있는 곳에 수익이 발생합니다. 확률적 사고를 하면 위험을 줄이기 위해 노력하는 것보다 내가 감당할 수 있는 리스크 범위에서 확률을 유리하게 만들 수 있습니다.

세 번째로 확률적 사고의 핵심은 기댓값 접근법입니다. 기댓값(Expected Value)은 단어 그대로 기대되는 값입니다. 미래에 각 사건이 벌어졌을 때 이익(손실)과 그 사건이 벌어질 확률을 곱한 것을 합하여 계산됩니다. 기댓값 계산이 왜 중요한지를 예를 통해 설명해보겠습니다.

손실 100만 원이 90% 확률로 발생될 가능성이 높은 투자 A가 있습니다. 투자하시겠습니까? 대부분 사람들은 투자하지 않습니다. 손실에 대한 고통을 크게 느끼기 때문입니다. 그런데 누군가가 물어봅니다. 나머지 10%는 어떻게 되나요? 10% 확률로 1,000만 원을 줍니다. 그렇다면 다시 생각해볼 필요가 있습니다. 기댓값을 계산해보겠습니다.

$$(-100만 원 \times 90\%) + (1{,}000만 원 \times 10\%) = 10만 원$$

기댓값은 각 결과가 일어날 가능성(확률)에 그 결과의 값(이익과 손실)을 곱한 값을 전부 더하여 계산됩니다. 투자 A의 기댓값은 10만 원으로 계산됩니다. 이 투자에서 평균적으로 10만 원의 이익이 기대된다는 의미입니다. 다시 질문해보겠습니다.

"투자하시겠습니까?"

기댓값이 10만 원으로 플러스이기 때문에 투자에 대해 긍정적으로 접근해야 합니다. 처음 손실만 생각할 때와는 다르게 기댓값을 고려하는 순간 행동이 달라질 수 있습니다. 확률적 사고에 기반을 둔 기댓값은 투자 판단을 할 때 중요한 기준이 됩니다. 기본적으로 기댓값이 플러스가 아니라면 투자할 의미가 없습니다. 기댓값을 정확하게 판단할 수 있는 능력은 투자자에게 중요한 자질입니다.

많은 투자자들은 잃을 확률이 50% 이상이라고 생각하면 투자하지 않습니다. 리스크가 크고 승률이 낮으면 투자를 피하기 때문입니다. 그런데 기댓값과 확률은 별개의 개념입니다. 확률이 낮다고 평가되는 경우에도 자기 나름의 투자 전략을 세울 수 있다면 확률은 바뀌지 않더라도 기댓값을 높일 수 있습니다. 기억하십시오. 확률이 변하지 않더라도 기댓값은 변화시킬 수 있습니다.

확률적 사고로 투자 판단을 하고 기댓값을 행동 기준으로 삼으면 주식투자 방법이 달라지게 됩니다. 많은 사람이 투자에서 실패를 경험하고 원인을 종목 선택에서 찾습니다. 종목 선택도 중요합니다. 그러나 그만큼, 아니 투자를 지속하기 위해서는 투자 방법이 더욱 중요합니다. 투자 방법을 바꿔야 합니다. 그동안의 잘못된 습관과 생각을 버려야 합니다. 이제 진짜, 주식투자를 시작합니다.

주식투자 성공은
'방법'에서 출발한다

투자 종목을 선택합니다. 매수합니다. 보유합니다. 매도합니다. 그리고 다시 종목을 선택합니다. 매수하고, 보유하고, 매도합니다. 주식투자의 과정은 이렇게 단순합니다. 하지만 단순하다고 해서 쉽지는 않습니다. 하나씩 천천히 생각해보겠습니다.

종목 선택에 대해서는 이미 이야기했습니다. 그렇다면 이제 '얼마나 살 것인가'의 문제로 넘어가야 합니다. 즉, 투자 규모를 결정하는 일입니다. 투자 규모는 사람마다 다릅니다. 하지만 한 가지는 같아야 합니다. '최대 손실 수용 금액'을 기준으로 투자 규모를 정해야 한다는 점입니다. 최대 손실 수용 금액을 찾기 위해 질문이 필요합니다. "나는 최대 얼마까지 잃을 수 있는가?"

워런 버핏의 첫 번째 투자 원칙은 "절대 돈을 잃지 마라"입니다. 두 번째 원칙은 "첫 번째 원칙을 잊지 마라"입니다. 돈을 잃지 않기 위해서는, 역설적이게도 '돈을 잃을 준비'를 해야 합니다. 사고가 날 수 있다고 조심하면 실제로 사고가 줄어드는 것처럼, 손실 가능성을 인정하고 대비해야 오히려 손실을 막을 수 있습니다.

투자를 시작할 때는 '내가 감당할 수 있는 최대 손실 금액'을 먼저 정하고, 거꾸로 계산해야 합니다. 예를 들어 100만 원 손실은 감당할 수 있다고 생각한다면, 총 투자금은 1,000만 원이 됩니다. 1,000만 원의 10%가 100만 원이기 때문입니다. 만약 최대 손실을 50만 원으로 생각한다면, 투자금은 500만 원이 되어야 합니다. 이렇게 역산해서 투자 규모를 정하는 것이 현명한 출발입니다.

투자 규모를 정했다면 이제 매수 방법을 결정할 차례입니다. 원칙은 간단합니다. '분할 매수'입니다. 많은 초보 투자자들이 '빨리 돈을 벌고 싶다'는 마음으로 모든 자금을 한 번에 투자합니다. 한꺼번에 매수해야 대박이 날 것 같기 때문입니다. 그러나 이런 방식으로는 장기 투자도, 성공적인 투자도 어렵습니다.

투자의 목적은 '많이 벌기'가 아니라 '잃지 않기'여야 합니다. 많이 벌기 위해서는 한 번에 사야 하지만, 잃지 않기 위해서는 나누어 사야 합니다. 예를 들어 삼성전자에 100만 원을 투자하기로 했다면, 10일 동안 매일 10만 원씩 주가와 상관없이 나누어 매수합니다. 주가가 오르든 내리든, 꾸준히 같은 금액으로 사들이는 것입니다. 이것이 분할 매수의 기본입니다.

여기서 흔히 오해하는 말이 있습니다. "계란을 한 바구니에 담지 마라." 이 말을 대부분 '여러 종목에 투자하라'는 뜻으로 이해합니다. 그래서 삼성전자, LG전자, 금 ETF, 회사채 등으로 나누어 투자합니다. 그러나 이 말의 진짜 의미는 '바구니를 다르게 하라'는 뜻입니다. 즉, 한 번에 전부 사지 말고 시간을 분산하라는 의미입니다.

투자의 본질은 '분산'이 아니라 '생존'입니다. 종목을 선정하고, 최대 손실 수용 금액을 정하고, 그에 맞춰 투자 규모를 계산합니다. 그리고 그 금액을 나누어 분할 매수합니다. 이것이 잃지 않기 위한 투자, 오래 살아남는 투자의 출발입니다.

투자 종목 수도 중요합니다. 너무 많은 종목에 투자해서는 안 됩니다. 종목 수가 많다고 투자수익률이 올라가거나 수익이 증가하지는 않습니다. 오히려 종목 수가 많아질수록 수익 금액은 적어질 가능성이 높습니다.

확률적 사고를 기반으로 주식투자의 기댓값을 계산해보면, 다음과 같습니다.

$$(-100만 원 \times 50\%) + (100만 원 \times 50\%) = 0원$$

주식투자의 기댓값은 0원입니다. 만약 수수료 등을 감안한다면 주식투자의 기댓값은 마이너스입니다. 주식투자의 기댓값에 대해 조금 더 생각해보겠습니다.

주식투자를 하면 두 가지 경우의 수가 존재합니다. 주가 상승과 하락입니다. 각각 경우의 확률은 어떻게 될까요? 합리적으로 기대하고 판단한다면 주가 상승과 하락 확률은 각각 50%입니다. 주가가 상승하든지 하락하든지 둘 중에 하나입니다. 그렇다면 각각 결과의 값은 어떨까요?

일반적인 투자를 감안한다면 상승과 하락할 경우의 결괏값은 같다고 판단해야 합니다. 주식투자의 기댓값이 이와 같이 '0원'으로 계산되는 이유입니다. 주식투자의 기댓값은 0원입니다. 따라서 거래 수수료와 세금 등을 감안하면 주식투자는 평균적으로 손실을 기록할 수밖에 없습니다. 대부분의 사람들이 주식투자로 손실을 보는 이유입니다. 어떻게 하면 주식투자의 기댓값을 플러스로 바꿀 수 있을까요?

다시 한번, 기댓값을 생각해보겠습니다. 아무리 노력한다고 해도 주가의 하락과 상승 확률을 바꿀 수는 없습니다. 주가가 오르고 내릴 확률은 정확하게 50%일 뿐입니다. 주식을 사놓고 아무리 기도를 해도 주가가 상승하고 하락할 확률은 변하지 않습니다. 그렇다면 다른 방법을 생각해봐야 합니다.

확률을 변화시킬 수 있다는 기대를 버리고 기댓값을 변화시킬 수 있는 현실적인 투자 방법을 생각해야 합니다. 어떻게 해야 할까요?

확률이 고정된 상태로 기댓값을 바꾸기 위해서는 주가가 하락할 때 발생할 수 있는 결과의 값과 반대로 상승할 때의 결괏값을 변화시키면 됩니다.

결괏값을
바꿔라

기댓값을 플러스로 바꾸기 위해서는 손실이 발생할 때 생기는 결과값은 최대한 줄이고, 이익이 발생할 때 결괏값은 최대한 늘리면 됩니다.

> (−100만 원 × 50%) + (100만 원 × 50%) = 0원

이 식을 아래와 같이 만들면 됩니다.

> (**−50만 원** × 50%) + (**200만 원** × 50%) = (−25만 원) + (100만 원) = 75만 원

손실에 대한 결괏값을 최대한 줄이고 이익이 발생할 때 결괏값을 최대한 늘리면 됩니다. 확률이 변하지 않더라도 기댓값을 플러스로 전환시킬 수 있습니다.

손실을 줄이고 이익을 크게 만드는 전략은 고대부터 현대까지 반복된 지혜입니다. 손자는 전쟁에서 "싸우지 않고 이기는 것이 최상"이라고 했습니다. 이 말은 전투의 비용을 최소화하고, 승리했을 때 얻는 효과를 극대화하라는 뜻과 같습니다. 손실을 피하고 이익을 키우는 전형적인 기댓값 관리입니다. 손자병법의 핵심은 결국 손실의 스케일을 줄이는 전술적 선택, 승리했을 때의 보상을 크게 만드는 전략적 운영입니다.

현대 투자에서도 이 원리는 그대로 이어집니다. 행동재무학 논문에서는 사람이 같은 확률이라도 손실이 날 때 훨씬 크게 아파하고, 그래서 손실을 회피하기 위해 비합리적 결정을 많이 한다고 설명합니다. 카너먼과 트버스키가 '전망이론'에서 입증한 내용입니다. 사람은 손실이 50만 원일 때 느끼는 고통이, 이익 50만 원을 얻을 때 느끼는 기쁨보다 훨씬 큽니다. 그래서 손실을 줄이는 방식은 심리적으로도 중요합니다. 작은 손실은 사람을 흔들지 않지만 큰 손실은 판단을 망가뜨립니다. 손실을 줄이는 것이 장기투자에서 반드시 필요한 이유입니다.

"손실은 짧게, 이익은 길게(Cut your losses and let your profits

run)." 월스트리트의 오랜 교훈입니다. 이는 확률과 기댓값을 모르는 일반 투자자들이 '본능'과 싸워야 함을 강조하는 표현입니다. 보통은 손실이 나면 멈추지 못하고 버티다가 더 큰 손실을 만듭니다. 반대로 이익이 나면 빨리 팔아버립니다. 그러면 기댓값은 평생 마이너스에서 벗어나지 못합니다. 손실을 크게 만들고, 이익을 작게 만들기 때문입니다. 하지만 반대로 움직이면 기댓값은 자연스럽게 플러스로 이동합니다. 손실은 짧게 끊고, 이익은 오래 가져가는 작은 습관 하나가 전체 투자 인생의 수익 구조를 바꿉니다.

전문가들의 연구도 이를 반복해서 증명합니다. 예를 들어 수많은 트레이더 데이터를 분석한 MIT 연구에서는 '수익 상위 10% 트레이더'들의 공통점이 하나라고 밝혔습니다. 손실을 극도로 작게 만든다는 점입니다. 반대로 성공적인 트레이더들은 이익이 발생했을 때 더 큰 포지션으로 늘리는 경향이 있습니다. 똑같은 확률에서도 기댓값이 다른 이유가 바로 여기에 있습니다.

기업 경영에서도 유사한 사례가 많습니다. 신문에서 자주 다룬 사례로, 넷플릭스는 초기 실패한 콘텐츠를 과감하게 폐기합니다. 대신 히트 가능성이 높은 콘텐츠에 예산을 집중합니다. 실패를 길게 끌지 않고, 성공 가능성이 있는 쪽에 힘을 싣는 구조입니다. 결과적으로 같은 확률 아래에서도 회사 전체의 기댓값을 플러스로 만든 겁니다.

결국 기댓값을 플러스로 바꾸는 일은 특별한 비법이 필요하지 않습니다. 손실이 나면 빠르게 잘라내고, 이익이 나면 인내하며 키우면 됩니다. 전쟁터에서도, 주식시장에서도, 비즈니스 현장에서도 똑같습니다. 손실의 폭을 줄이고, 이익의 폭을 키우는 사람만이 결국 승리합니다. 확률이 변하지 않아도 결과가 달라지는 이유가 바로 여기에 있습니다.

손실을
최소한으로 줄여라

　손실을 줄이고 이익을 늘리기 위해 우선 주식투자에서 발생하는 손실을 줄이는 방법을 배워야 합니다. 주식투자에서 손실을 줄이는 가장 확실한 방법은 매도입니다. 주식투자의 장기 성과는 무엇을 사느냐보다 언제, 어떻게 파느냐가 더 크게 좌우합니다. 손절매가 중요한 이유입니다. 손절매는 현재 가격이 매입가보다 낮아도 더 큰 손실을 막기 위해 파는 행동입니다. 예를 들어 1만 원에 산 주식이 9,000원으로 떨어졌을 때 매도합니다. 기계적이지만 효과는 분명합니다.

　1,000만 원으로 주가 1만 원인 주식 1,000주를 샀다고 하겠습니다. 이후 주가가 9,000원으로 내려갑니다. 많은 사람들이 팔지

못합니다. 더 내려가 7,000원이 됩니다. -30% 손실입니다. 이때조차 '싼데 더 사서 평균 단가를 낮추자'고 생각하기 쉽습니다. 물타기를 하는 이유입니다. 7,000원에 1,000주를 더 사면 평균 단가는 (10,000+7,000) / 2 = 8,500원이 됩니다. 겉으로는 본전이 가까워진 듯 보입니다. 하지만 전체 투입금은 1,700만 원으로 늘고, 위험도 함께 커집니다. 주가가 6,000원으로 더 떨어지면 보유 2,000주의 평가액은 1,200만 원입니다. 손실은 500만 원, -29.4%입니다. 처음 1,000주만 들고 갔을 때 -40%보다 퍼센트는 줄었지만, 투입 자본이 늘어 위험 총량이 커졌습니다. 기회비용(Opportunity Cost)도 큽니다. 추가 매수에 쓴 돈은 다른 더 좋은 종목을 살 기회를 빼앗습니다.

사람들이 하락장에서 팔지 못하는 이유는 돈 때문만이 아닙니다. 심리 때문입니다. 첫째, 손실회피(Loss Aversion)입니다. 사람은 같은 크기의 이익보다 손실을 더 크게 느낍니다. 손실을 확정하는 매도 버튼을 끝내 미룹니다. 둘째, 기준점 집착(Anchoring Bias)입니다. 처음 산 가격이 마음의 기준점이 됩니다. '1만 원은 가겠지'라는 생각이 발을 묶습니다. 셋째, 소유효과(Endowment Effect)입니다. 내가 가진 주식은 실제 가치보다 더 좋아 보입니다. '그래, 이렇게 떨어질 주식은 아니야.' 넷째, 확증편향(Confirmation Bias)입니다. 불리한 정보는 피하고 유리한 사항만 더 모읍니다. 다섯째, 도박사 오류(Gambler's Fallacy)입니다. '이쯤이면 반등할 차례'라는 근거 없는 기대가 손을 묶습니다. 이런 심리들은 서로 엮여 매도하는 결정을 마비시킵니다.

손절매는 큰 손실을 막는 장치입니다. 규칙을 미리 정하고 그대로 실행합니다. 규칙은 간단할수록 좋습니다. 매수 전에 매도 기준을 함께 씁니다. 가격 기준, 시간 기준, 정보 기준. 가격 기준은 "매입가 대비 -10%에서 즉시 매도"처럼 수치로 정합니다. 시간 기준은 "매수 후 8주 안에 상승이 안 나오면 정리"처럼 정해둡니다. 정보 기준은 "내가 산 이유가 깨지면 즉시 매도"입니다. 예를 들어 '수출 증가'가 근거였는데 수출이 줄기 시작하면 이유가 사라진 것입니다.

손실폭과 회복 필요 수익률의 비대칭도 꼭 기억하셔야 합니다. -10% 손실을 만회하려면 +11.1% 수익이 필요합니다. -30% 손실은 +42.9%가 필요합니다. -50%는 +100%가 필요합니다. 손실을 작게 자르는 습관이 장기 기댓값을 양의 값으로 만드는 가장 현실적인 방법입니다. 물타기는 원칙적으로 금지하는 편이 좋습니다.

손절매의 목적은 주가가 하락해서 파는 것이 아니라 더 큰 손실을 막기 위해 매도하는 것입니다. 즉, 소극적인 반응이 아니라 적극적인 대응이라고 할 수 있습니다. 손절매를 통해 손실의 값을 최대한 줄일 수 있습니다. 손절매는 네 단계로 이루어집니다.

① 투자 시점부터 최대 손실을 결정하기

② 물리적 손절매 지점을 정하기

③ 손절매 구간이 오면 주저하지 말고 행동하기

④ 손실을 받아들이고 새로운 일을 하기

주식을 처음 매수할 때부터 최대 손실을 정한 다음 거래를 시작해야 합니다. 손절매를 잘하는 투자 전문가들은 일반적으로 최대 손실을 10~5% 사이에서 결정합니다.

다음으로, 물리적 관점에서 손절매 지점을 정합니다. 최대 손실 10%에서 추가 손실을 결정하는 단계입니다. 2025년 7월 28일 월요일, 삼성전자를 매수한다고 가정해보겠습니다. 당일 매수 가격은 6만 7,700원입니다. 매수를 하면서 최대 손실 10%를 결정하면 손절매 가격은 6만 900원입니다.

단, 물리적 관점에서 손절매 지점을 다시 수정해야 합니다. 최근 주가 변동을 고려해 수정합니다. 다음 표는 해당 시점을 기준으로 2주간 삼성전자 주가와 코스피 지수 등락률입니다.

삼성전자는 8% 상승했고 코스피 지수는 0.7% 상승했습니다. 손절매 가격에 주가 변동률을 고려합니다. 삼성전자의 경우 2주간 코스피보다 7% 이상 더 상승했습니다. 따라서 손절매 구간은 최근 상대적인 상승률을 고려하여 다시 수정해야 합니다. 기존 최대 손절매 -10%에서 최근 상대 주가 상승률 7%를 감안하여 최종 손절매 구간을 -15%에서 -17%로 결정합니다. 너무 당연한 수정입니다.

일자	삼성전자	코스피
7월 14일	-0.16%	0.83%
7월 15일	1.92%	0.41%
7월 16일	1.57%	-0.90%
7월 17일	3.09%	0.19%
7월 18일	0.60%	-0.13%
7월 21일	1.04%	0.71%
7월 22일	-2.65%	-1.27%
7월 23일	0.61%	0.44%
7월 24일	-0.60%	0.21%
7월 25일	-0.15%	0.18%
7월 28일	2.90%	0.00%
합계	8.17%	0.67%

최근 주가가 많이 상승한 종목은 단기에 하락폭이 커질 수 있습니다. 손절매 구간이 최대 손절매보다 커지는 이유입니다. 따라서 삼성전자를 매수할 때 최종 손절매 구간은 5만 7,500원에서 5만 6,200원으로 결정됩니다. 반면 최근 지수는 상승하는데 투자 종목만 하락한 경우라면 최대 손실 10%로 결정합니다. 주식시장 전체는 상승하는데 삼성전자 주가가 하락했다면 최종 손절매 가격은 현재 주가 6만 7,700원에서 10% 하락한 6만 900원이 됩니다. 삼성전자 주가가 6만 900원 밑으로 하락하면 주저하지 말고 매도해야 합니다.

손절매 구간은 개인의 경험과 투자 패턴에 따라 달라질 수 있습니다. 일반적인 방법을 다시 한번 정리하면 다음과 같습니다. 매우 중요합니다. 꼭 기억하십시오.

우선 투자 시점부터 최대 손실을 결정해야 합니다. 현재 주가가 1만 원이라면, 10% 하락한 9,000원이 되면 매도한다는 계획을 가지고 있어야 합니다.

그리고 최근 주가 상승률 혹은 하락률을 감안하며 물리적 손실 구간을 수정해야 합니다. 최근 주가가 많이 상승한 주식이라면, 물리적 손실폭을 늘립니다. 반면 주가가 하락한 종목이라면, 처음에 설정한 최대 손실 금액으로 손실 구간을 정합니다. 예를 들어 주가가 시장 대비 상승한 종목이면 10%보다 더 하락한 금액을 손실 구간으로 정합니다. 반면 주가가 시장 대비 하락한 종목이면 10%를 최대 손실로 정합니다.

물리적 손절매 구간이 오면 주저하지 말고 과감하게 행동해야 합니다. 매도한 뒤에 손실을 받아들여야 합니다. 손절매를 하는 이유는 과거의 잘못을 돌이키기 위한 목적이 아니라, 더 나은 결정을 하기 위해 한 적극적인 행동이었다는 점을 잊지 마십시오. 그리고 손절매의 또 다른 장점은 새로운 일을 할 수 있다는 점입니다.

모든 투자 의사결정 단계에서는 기회비용을 꼭 고려해야 합니다. 기회비용은 그것을 얻기 위해 포기해야 하는 것을 말합니다. 어떤 결정을 내릴 때 기회비용을 고려하는 것이 현명한 방법입니다. 주말에 친구가 영화를 보러 갑니다. 단순하게 생각하면 비용은 영화표 값

1만 5,000원입니다. 그러나 영화를 보는 시간에 아르바이트로 벌 수 있었던 2만 원도 비용으로 생각할 수 있어야 합니다. 바로 기회비용을 고려한 새로운 기준입니다.

손실이 발생한 주식을 계속 가지고 있으면 비용이 없는 듯하지만 큰 기회비용이 발생합니다. 즉, 다른 투자를 할 수 없습니다. 손실이 발행한 주식을 팔고 다른 투자를 해서 얻을 수 있는 기회비용을 고려해야 합니다. 그러나 대부분 기회비용을 고려하지 않고 주저하며 행동하지 않습니다.

과거의 잘못에 잡혀 있으면 새로운 일은 아무것도 할 수 없습니다. 잘못된 선택을 바로잡는 가장 현명한 방법은 후회가 아니라 새로운 일을 하는 것입니다.

손절매를 실행하고 새로운 투자를 시작해야 합니다. 이때 주의할 것이 있습니다. 손절매를 과감하게 실행한 이후 주가가 회복되어 상승세를 타면 투자자의 배와 가슴은 심하게 아파옵니다. 심리적으로 흔들리면 향후 계획된 투자를 할 수 없게 됩니다. 손절매 실행 이후 일정 기간 동안 해당 종목을 관심 종목에서 지워야 합니다. 헤어진 애인 전화번호를 과감하게 지워야 하는 이유와 같습니다.

이익을 최대한 늘려야 한다

　가장 중요한 투자 원칙, 손실을 줄이고 이익을 늘려야 합니다. 손실을 줄이기 위해 손절매를 합니다. 그렇다면 이익을 최대한 늘릴 수 있는 방법은 무엇이 있을까요?

　이익을 최대한 증가시킬 수 있는 방법을 찾기 위해 주식투자자들의 심리적 변화와 그에 따른 행동을 살펴볼 필요가 있습니다. 일반적으로 주식에 투자하면서 사람들은 기댓값에 따라 행동하지 않습니다. 대신 상황 변화로 인한 심리 변화에 따라 행동합니다. 슬프면 울고, 웃기면 웃는 것처럼 심리 변화로 반응하면서 주식투자를 합니다.

　사람들이 주식투자를 하면서 어떻게 느끼고 행동하는지 살펴볼까요?

보유한 주식의 주가가 떨어집니다. '조금만 기다리면 오를 거야'라며 팔지 않고 기다립니다. 손실에 대한 고통이 커서 손실을 피하려고 하기 때문입니다. 손실회피 성향입니다. 10만 원에 매수한 주식이 8만 원이 되면 2만 원 손실이라고 생각하고 본전 회복이 목표가 됩니다. 손실이 발생한 주식을 오래 보유하는 이유입니다.

일종의 참조점 의존성입니다. 합리적인 기준이 아니라 심리적인 반응과 기준으로 이익과 손실을 판단합니다. 손실이 발생한 주식을 매도하지 못합니다. 팔고 나서 주가가 오르면 더 큰 후회를 하기 때문입니다. 후회회피 현상입니다.

반면 주가가 조금만 올라 이익이 나면 '이 정도면 됐다' 하고 팔아 버립니다. 안전 추구 심리입니다. 주가가 상승하면 안절부절못하고 매도합니다. 확실해 보이는 작은 이익을 과도하게 선호하기 때문입니다. 확률왜곡입니다. 이익은 빨리 실현하고 손실이 발생하면 오래 보유합니다. 이익을 확정 지으려 하고, 손실을 지연시키려 하기 때문입니다. 본전 심리가 작용하면서 기회비용을 감안하지 않고 매수한 가격을 기준으로 손익을 판단합니다.

사람들은 합리적이고 확률적인 사고로 계산된 기댓값보다, 심리적 편향에 의해 투자 의사결정을 하게 됩니다. 이익은 빨리 확정 지으려 하고, 손실은 좀 더 지켜보려는 경향이 커집니다. 기댓값을 높이기 위해서는 손실은 최대한 줄이고 이익은 최대한 늘리는 투자를 해야 하는데, 사람들은 반대로 손실은 최대한 늘리고 이익은 최대한 줄이는 주식투자를 하고 있습니다.

심리적인 영향을 줄이고 투자 계획과 원칙을 잘 지킨다면 충분히 바꿀 수 있습니다. 잊지 마십시오. "손실은 최대한 줄이고, 이익은 최대한 늘린다." 손실을 최대한 줄이기 위해 손절매가 필요합니다.

그렇다면 이익을 최대한 늘리기 위해서는 어떻게 해야 할까요? 주가가 상승하면 투자자들은 주가가 다시 떨어져 수익을 잃지 않을까 걱정하기 시작합니다. 너무 일찍 매도에 나서는 이유입니다. 그러나 주식투자의 기댓값을 플러스로 전환시키고 이익을 내기 위해서는 손실은 재빨리 차단하고, 수익을 내는 주식은 오래 보유하고 있어야 합니다.

일 년 동안 100번에 걸쳐 주식거래를 했습니다. 그중 40% 정도는 수익을 얻었습니다. 나머지 60%는 손실이 발생했습니다. 손실을 내는 매매가 더 많았습니다. 그러나 평균 손실액이 10%이고 평균 수익률은 30%라고 하면 수익을 얻을 수 있습니다. 기댓값이 플러스이기 때문입니다.

$$(-10\% \times 60\%) + (30\% \times 40\%) = -6\% + 12\% = 6\%$$

전체 거래에서 손실을 더 많이 냈지만 결과는 수익을 얻었습니다.

수익이 나면 팔지 말고 최대한 이익을 내야 합니다. 이익을 최대한 내기 위해 추적 손절매(Trailing Stop)를 기억하셔야 합니다. 추적 손절매는 주가가 상승할 때 손절매 가격(매도기준)을 끌어올리는 투자 방법입니다.

예를 들어보겠습니다. 주식을 5만 원에 매수합니다. 처음에 손절매 가격을 10% 하락한 4만 5,000원으로 정합니다. 주가가 6만 원으로 20% 상승합니다. 매수한 투자 종목의 주가가 상승했으니 팔아야 할까요? 대부분 투자자들은 매도하려는 마음이 커집니다. 그러나 팔지 말아야 합니다. 보유하고 있으면서 손절매 가격, 즉 매도 가격을 수정하기만 하면 됩니다.

상승한 주가인 6만 원에서 10% 하락한 5만 4,000원으로 손절매 가격을 수정합니다. 주가가 5만에서 6만 원이 되었다고 팔아치우는 것이 아니라 5만 4,000원이 되면 팔 것이라는 계획을 다시 세웁니다. 주가가 상승해도 팔지 않습니다.

이후에 주가가 8만 원이 되었습니다. 처음 산 5만 원과 비교하여 무려 60%가 상승했습니다. 높은 수익률입니다. 그렇다면 주식을 매도해야 할까요? 팔지 않습니다. 단지 손절매 가격만 다시 수정합니다. 손절매 가격은 8만 원에서 10% 하락한 7만 2,000원으로 상향합니다.

이후 실제로 주가가 8만 원에서 하락해 7만 2,000원이 되었을 때 주식을 매도합니다. 최종 매도가는 7만 2,000원입니다. 처음 주가가

6만 원으로 상승했을 때 매도했다면 수익률은 20%에 그쳤습니다. 그러나 추적 손절매를 통해 7만 2,000원에 매도했고 투자수익률이 44%로 크게 상승했습니다.

추적 손절매를 통해 이익을 최대한 늘릴 수 있습니다. 상승하는 주식의 목표 주가를 설정할 필요가 없습니다. 많은 사람이 주식투자를 하면서 얼마 오르면 팔겠다는 목표를 세우곤 합니다. 그러나 실제 투자에서 목표 주가는 필요 없습니다. 주가는 많이 상승할수록 좋습니다. 주가 상승 목표를 둘 필요가 없습니다. 추적 손절매는 상승이 멈출 때까지 주식을 계속 보유하도록 도와줍니다.

추적 손절매를 통해 감정 개입을 최소화할 수 있습니다. 투자자는 종종 '더 오를 것 같아'라는 욕심으로 매도 시점을 놓칩니다. 추적 손절매는 심리적 영향을 최소화시켜 수익을 최대한 얻을 수 있는 매도 시점을 찾게 도와줍니다.

추적 손절매는 수익을 보호해줍니다. 주가가 상승했다가 다시 하락해도 일정 수준 이상 떨어지면 매도하게 되므로 이익을 지킬 수 있습니다. 추적 손절매는 이익을 지키는 매도 방법입니다. 주가가 상승했던 주식도 주가가 지속해서 하락할 수 있습니다.

주식투자자들은 심리적 편향으로 많은 실수를 하게 됩니다. 손실이 발생할 때뿐 아니라 이익이 발생할 때도 심리적 영향으로 실수를 합니다. 주가가 더 오를 수 있는 상황에서 빨리 파는 것도 큰 실수입니다. 주가가 상승합니다. 너무 일찍 팔아버립니다. 주가가 상승하다가 하락합니다. 다시 상승을 기대하면서 매도하지 못하고 주가가 추가적으로 더 하락하면 다시 손실을 경험하게 됩니다.

주가가 상승할 때 일찍 팝니다. 이후 다시 주가가 오르자 안절부절못하면서 높은 가격에 주식을 다시 매수합니다. 손실 위험이 커지는 투자를 합니다.

다음 표는 2025년 1월부터 10월까지 코스피 시장에서 주가가 가장 많이 오른 종목 10개와 가장 많이 떨어진 종목 10개를 보여줍니다.

종목명	등락률(%)	종목명	등락률(%)
효성중공업	444	금양	−53
에이피알	418	월비스	−54
두산에너빌리티	412	코아스	−57
HJ중공업	376	동성제약	−58
현대로템	373	DI동일	−63
웅진	369	삼부토건	−63
엠앤씨솔루션	338	오리엔트바이오	−64
이수페타시스	324	일성건설	−65
HD현대마린엔진	311	이스타코	−69
두산	273	엑시큐어하이트론	−78

흥미로운 점이 하나 있습니다. 주가 상승률 1위는 효성중공업으로, 10개월 동안 무려 444%가 올랐습니다. 반면 가장 많이 하락한 종목은 엑시큐어하이트론으로 −78%를 기록했습니다. 주가 상승에

는 한계가 없습니다. 그러나 최대 하락은 -100%로 제한됩니다. 물론 상장폐지라도 되지 않는 이상 실제로 그렇게 되는 경우는 드뭅니다.

이제 한 명의 초보 투자자를 가정해보겠습니다. 운이 특별히 좋지도 나쁘지도 않은 사람입니다. 우연히 효성중공업과 엑시큐어하이트론 두 종목을 동시에 매수했습니다. 10개월이 지난 지금 이 투자자의 계좌는 어떤 모습일까요?

아마 효성중공업은 이미 팔았을 가능성이 큽니다. 주가가 조금만 올라가도 '이 정도면 충분하다'며 수익을 확정 짓는 경우가 많기 때문입니다. 반대로 엑시큐어하이트론은 여전히 보유 중일 겁니다. '언젠가는 오르겠지'라는 마음으로 손실을 끌고 가는 겁니다. 만약 반대로 주가가 상승한 효성중공업은 아직도 보유하고 있고, 엑시큐어하이트론은 주가가 하락하기 시작할 때 손절매를 했다면 결과는 어떻게 변했을까요?

이 이야기는 운에 대한 게 아닙니다. 투자를 어떻게 하느냐에 대한 이야기입니다. 같은 종목을 사더라도 매도와 보유의 선택이 완전히 다른 결과를 만듭니다. 투자에서 중요한 건 '무엇을 샀느냐'보다 '어떻게 행동하느냐'입니다. 이 차이는 시간이 지날수록 복리처럼 커집니다. 결국 운이 아니라 행동이 수익을 결정합니다.

배터리 주식을 기억하십니까? 2차전지 주식들이 급등하자 많은 사람들이 투자에 나섭니다. 주가가 크게 상승했습니다. 2차전지 대장주였던 에코프로(086520)는 2023년 주가가 2만 원대에서 20만 원대로 단기간에 10배 가까이 올랐습니다. 사람들은 너도나도 배터리 주식투자에 나섭니다. 주가가 상승했습니다. 주가가 상승하자 빨리 매도했습니다. 매도한 이후 주가가 더욱 상승했습니다. 고점에 너무 많은 사람이 주식을 다시 더 큰 규모로 매수합니다. 그런데 이후 주가가 하락합니다. 손실이 나면서 팔지 못하고 계속 보유하고 있습니다. 주식투자를 하면서 손실이 50% 이상 발생하는 일은, 손절매와 추적 손절매 원칙을 지켰다면 절대 일어날 수 없는 일이었습니다.

매우 중요하기 때문에 손절매와 추적 손절매 방법을 다시 한번 쉽게 정리해보겠습니다.

1만 원에 주식을 매입합니다. 손절매 가격을 설정합니다. 10% 하락, 손절매 가격 9,000원으로 정했습니다. 실제로 주가가 9,000원으로 하락합니다. 주식을 매도합니다. 주가가 하락하지 않고 상승합니다. 1만 2,000원으로 상승합니다. 주식을 팔지 않고, 손절매 가격을 다시 설정합니다.

1만 2,000원에서 10% 하락, 손절매 가격 1만 800원으로 재설정합니다. 주가가 2만 원으로 상승합니다. 주식을 팔지 않고, 손절매 가격을 다시 설정합니다. 2만 원에서 10% 하락, 손절매 가격 1만 8,000원으로 설정합니다. 주가가 상승하다가 실제로 주가가 1만 8,000원으로 하락했습니다. 주식을 매도합니다. 추적 손절매입니다.

감정이 만든 투자,
그리고 무너진 원칙

한 사례를 소개하겠습니다.

처음엔 단순한 호기심이었다. 주변 사람들이 돈을 번다는 이야기를 듣고, 나도 늦기 전에 투자해야겠다는 생각이 들었다. 조심스럽게 투자에 나섰고, 예상보다 빠르게 주가가 상승했다. 통장에 찍힌 수익률은 현실감이 없을 정도였다.

'역시 감이 나쁘지 않아.'

자신감이 생겼고, 이익을 눈앞에 두니 그만큼 불안도 커졌다. '이제 팔아야 하나?' 마음속에서 누군가 속삭였다. 결국 매도 버튼을 눌렀다. 하지만 며칠 뒤, 주가는 더 올랐다. 모니터 속 숫자가 자신을 조롱하는 듯했다. '조금

만 더 기다렸다면…'

그때부터 마음이 흔들리기 시작했다. 후회가 밀려왔고, 놓칠까 두려운 마음(FOMO)이 커졌다. 주가가 오를수록 불안은 커졌고, 결국 그는 더 높은 가격에서 더 큰 금액으로 다시 주식을 매수했다. 그런데 시장은 냉정했다. 주가 상승은 멈췄고, 주가는 조금씩 밀리기 시작했다. 처음엔 '잠깐 조정이겠지'라고 생각했다.

하지만 하락은 멈추지 않았다. 그래도 팔지 못했다. 손실을 확정 짓는 순간, 자신의 판단이 틀렸음을 인정해야 하기 때문이다. 이때 작동한 것이 바로 손실회피와 확증편향이다. 그는 자신이 옳다는 증거만 찾았다. "이 기업은 기술력이 있다." "이건 일시적 조정일 뿐이다." 그러나 시장은 그런 변명을 들어주지 않았다.

시간이 지나면서 손실은 커지고, 마음은 무너졌다. 하지만 여전히 팔지 못했다. 이익을 실현할 때보다 손실을 확정할 때의 고통이 훨씬 크다고 생각했고, 피하고 싶었다. 그는 모니터를 보지 않기 시작했고, 주식은 '투자'가 아니라 '부채처럼 짊어진 짐'이 되어버렸다.

이 사례는 단순한 개인의 실패담이 아닙니다. 인간이라면 누구나 겪는 심리 변화와 그에 따른 투자 실패입니다. 주식시장은 사람들이 만드는 사회적 관계의 시장입니다. 사람들이 가격과 거래량을 결정합니다. 심리적 편향에 따른 문제와 그에 따른 커다란 실패가 항상 도

사릴 수밖에 없습니다.

    주식투자를 하면서 항상 스스로의 심리 상태와 마음을 점검하고, 지금 내가 하려고 하는 행동이 심리적 편향 때문에 만들어진 행동이 아닌지를 계속 돌아봐야 합니다. 그럴 때마다 점검해야 하는 심리적 편향에 대해 설명해보겠습니다.

주식을
사려고 할 때

대표성 편향(Representativeness Bias)은 꼭 점검해야 할 심리적 함정입니다. 사람은 통계적 사고보다 직관에 의존해 판단하는 경향이 있습니다. 그 결과 체계적인 오류, 즉 '휴리스틱 편향(Heuristic Bias)'을 자주 범합니다. 대표성 편향은 그중에서도 가장 흔하게 나타나는 편향입니다. 대표성 편향은 사람의 뇌가 '패턴'을 너무 쉽게 만들어내는 습관에서 시작됩니다. 최근에 본 현상이 앞으로도 계속될 것이라고 착각하는 것입니다.

주식투자에서는 대표성 편향이 매우 자주 나타납니다. 어떤 기업의 주가가 한 달 동안 꾸준히 상승했습니다. 많은 투자자들은 그 이유를 깊이 분석하기보다, 단순히 '앞으로도 오를 거야'라고 믿고 매수에 나섭니다. 반대로 주가가 내리면 '이 종목은 끝났어'라고 생각하며 두려움에 팔아버립니다. 그래서 상승장에서는 과열이 생기고, 하락장에서는 공포가 커집니다. 사람들이 최근의 흐름을 전체의 본질로 착각하기 때문입니다.

대표성 편향을 줄이기 위해 주식을 살 때 스스로에게 이렇게 물어봐야 합니다. "지금 내가 이 종목을 사려는 이유와 근거가 있는가, 아니면 단지 최근에 올랐기 때문인가?" 이 질문 하나가 대표성 편향을 막는 출발점입니다.

대표성 편향을 줄이려면 주가의 방향보다 이유를 먼저 찾아야 합니다. 주가가 오르는 이유가 기업의 가치 변화 때문인지, 일시적인 유행 때문인지를 구분해야 합니다. 그리고 매수할 때는 그 이유를 반드시 기록해야 합니다. '왜 샀는가'를 명확히 적어두면, 추후에도 감정이 아닌 근거로 투자 판단할 수 있습니다. 결국 대표성 편향을 이기는 방법은 단순합니다. "패턴이 아니라 원인을 보라." "최근의 흐름이 아니라 기업의 실력과 가치 변화를 보라."

확증편향은 주식투자에서 가장 흔하면서도 가장 위험한 심리적 함정입니다. 사람은 누구나 자신이 옳다고 믿고 싶어 합니다. 그래서 스스로 내린 판단을 확인해주는 정보만 찾아보는 경향이 생깁니다. 바로 확증편향입니다.

예를 들어 어떤 투자자가 'A기업 이익이 크게 증가할 거야'라고 생각합니다. 그 순간부터 그는 이미 결론을 내린 상태입니다. 이후에는 그 생각을 뒷받침하는 뉴스와 기사만 눈에 들어옵니다. "A기업, 신제품 출시로 매출 급증 전망" 같은 기사는 기억하지만, "A기업, 주요 고객사 계약 해지" 같은 기사는 흘려봅니다. 온라인 커뮤니티에서도 자신과 같은 의견을 가진 사람들만 찾아다니며 글을 보고 대화를 나눕니다. 이렇게 자신이 보고 싶은 정보만 선택적으로 받아들이는 것이 확증편향의 전형적인 모습입니다.

확증편향이 무서운 이유는 투자 판단을 점점 왜곡시킨다는 점입니다. 객관적으로 보면 이미 주가가 과도하게 오른 상태임에도 긍정적인 정보만 찾기 때문에 '아직 저평가됐다'고 믿게 됩니다. 반대로 부정적인 정보는 '일시적인 이슈야'라며 무시합니다. 결국 높은 가격에서 매수하고, 투자 손실을 크게 만들 수 있습니다.

확증편향은 특히 '좋은 회사'와 '좋은 투자'를 혼동할 때 자주 나타납니다. 많은 투자자들이 '좋은 기업'이라면 '언젠가 오를 것'이라고 믿습니다. 하지만 아무리 훌륭한 회사라도 주가가 이미 미래 가치를 선반영했다면, 더 오르지 않을 수도 있습니다. 그러나 확증편향에 빠진 투자자는 그 사실을 인정하지 않습니다. '이 회사는 탄탄해, 결국 오를 거야'라는 생각만 반복합니다.

특정 산업이 각광받을 때 확증편향은 더 강해집니다. 예를 들어

전기차, AI, 2차전지 같은 분야가 그렇습니다. 한동안 뉴스와 유튜브가 '미래 성장 산업'이라며 긍정적인 전망을 쏟아내면, 투자자들은 그 말만 믿고 매수 버튼을 누릅니다. 그러나 그런 낙관론 뒤에는 '가격은 이미 반영되었다'는 현실이 숨어 있습니다. 하지만 확증편향은 그런 경고를 듣지 못하게 만듭니다.

확증편향을 피하려면 '자신의 의견과 반대되는 정보'를 일부러 찾아봐야 합니다. 내가 매수하려는 종목의 부정적인 뉴스, 리스크 요인, 경쟁사의 강점 등을 먼저 살펴보는 습관이 필요합니다. 또한 투자 이유를 글로 적어두고, 일정 기간이 지난 후 스스로 점검하는 것도 좋습니다. "내가 예측했던 이유가 여전히 유효한가?"를 스스로 묻는 것입니다. 투자는 논쟁이 아니라 검증의 과정입니다. 확증편향을 이기려면 '내가 옳다'는 확신보다 '혹시 틀렸을 수도 있다'는 겸손이 필요합니다. 결국 성공하는 투자자는 항상 스스로의 믿음을 의심할 줄 아는 사람입니다.

주식을 매수할 때 빠지기 쉬운 또 하나의 심리적 함정이 있습니다. 바로 FOMO, 놓칠까 봐 생기는 두려움입니다. 'Fear of Missing Out'의 줄임말이죠. 말 그대로 '남들은 다 돈 버는데 나만 놓치는 것 같다'는 불안감입니다. FOMO는 이성보다 감정이 더 강하게 작용할 때 생깁니다.

뉴스에서 '누가 무슨 종목으로 100% 수익을 냈다'는 기사를 보면 마음이 흔들립니다. SNS나 커뮤니티에서 "이 주식 안 사면 바보다"라는 글을 보면 손이 근질거립니다. 본인은 그 기업의 사업 구조나 실적을 제대로 알지도 못하면서, '이번만큼은 나도 해야 한다'는 생각이 듭니다. 그것이 FOMO의 전형적인 작동 방식입니다.

FOMO는 군중심리와 연결되어 있습니다. 군중이 움직일 때 뒤처지지 않으려는 본능이 작동합니다. 특히 상승장이 길어질수록 수익을 낸 사람과 그렇지 못한 사람의 심리적 간격이 커집니다. 주가는 이미 올랐는데, 사람의 마음은 '아직 늦지 않았다'는 착각에 빠집니다. 이때 매수한 주식은 대부분 고점에 가깝습니다. 그리고 뒤늦게 들어간 투자자는 급락장에서 가장 먼저 손실을 떠안게 됩니다.

FOMO는 스스로도 잘 인식하지 못하는 편향입니다. 합리적 이유를 덧붙여 자신을 설득하기 때문입니다. "이번엔 AI 시대라 달라", "지금은 새로운 패러다임이야" 같은 말들이 그렇습니다. 하지만 FOMO는 언제나 같은 패턴으로 끝납니다. '놓칠까 봐 산 주식'은 대부분 '잃기 위해 산 주식'이 됩니다.

FOMO를 없애려면 '남의 수익'보다 '나의 원칙'을 더 중요하게 여겨야 합니다. 시장은 언제나 기회를 줍니다. 단지 모든 기회를 다 잡을 필요는 없습니다. 진짜 투자자는 '놓쳐도 괜찮다'고 생각하는 사람입니다. 오히려 아무것도 하지 않는 시간이 더 좋은 기회를 준비하는 시간일 수 있습니다.

주식투자는 결국 자신과의 싸움입니다. 공포와 탐욕, 불안과 조급함을 다스리지 못하면 어떤 정보나 분석도 소용이 없습니다. FOMO를 이긴다는 건 단순히 참는 게 아닙니다. 남의 속도가 아니라 자신의 속도로 가는 법을 배우는 일입니다. 그것이 장기적으로 살아남는 투자자의 태도입니다.

주식을 매수할 때 사람들은 처음 본 '가격'에 생각이 고정되는 경우가 많습니다. 이것을 '앵커링 효과(Anchoring Effect)'라고 합니다. 마음속에 닻을 내린 듯, 최초 정보가 기준점이 되어 이후 판단을 왜곡하는 심리 현상입니다.

예를 들어 어떤 주식이 처음 봤을 때 10만 원이었습니다. 시간이 지나 그 주가가 8만 원으로 떨어지면 대부분의 사람은 '지금 싸다'고 생각합니다. 하지만 그 10만 원은 단지 과거의 숫자일 뿐입니다. 기업의 실적이 악화되었거나 산업 환경이 나빠졌다면, 8만 원은 오히려 비쌀 수도 있습니다. 그럼에도 사람의 마음은 첫인상에 묶입니다. 그 가격이 '공정한 기준'처럼 느껴지기 때문입니다.

앵커링은 가격뿐 아니라 '예상 수익률', '목표가', '평균 매입 단가'에도 작동합니다. 예를 들어 투자자가 어떤 종목을 5만 원에 샀다고 합시다. 이후 주가가 4만 원으로 떨어졌을 때 대부분의 사람은 "본전만 오면 판다"고 말합니다. 이 말속에는 심리적 앵커가 있습니다. 본

전인 5만 원은 시장이 정한 기준이 아니라, 투자자 본인의 마음이 만든 기준입니다. 하지만 시장은 개인의 기억이나 바람과는 전혀 상관없이 움직입니다.

앵커링의 위험은 '과거의 정보'가 '현재의 판단'을 지배한다는 점입니다. 처음 봤던 가격, 처음 들었던 뉴스, 처음 들은 전문가의 한마디가 머릿속에서 계속 떠나지 않습니다. 그래서 사람들은 실제 기업가치가 변해도 그 변화를 인정하지 못합니다. '이 회사는 원래 이 정도는 돼야 해'라는 생각이 고정관념이 되어버립니다. 결국 시장의 현실이 아니라 자기 마음속 기준으로 투자를 하게 됩니다.

앵커링을 줄이려면 '기준점'을 바꿔야 합니다. 과거의 가격이 아니라, 지금의 기업가치와 미래의 현금흐름을 기준으로 판단해야 합니다. 예전의 주가가 아니라 현재의 실적과 전망이 중요합니다. 매수 전 스스로에게 물어봐야 합니다. "이렇게 가격이 형성된 이유는 무엇일까?"

이 질문 하나만으로도 마음속 닻을 조금은 들어올릴 수 있습니다. 가격이 아닌 원인과 이유를 묻는 순간 숫자가 아니라 기업을, 기대가 아니라 현실을 마주하게 됩니다.

주식시장은 언제나 변합니다. 문제는 시장이 변해도 우리의 마음은 잘 변하지 않는다는 데 있습니다. 앵커링은 결국 '변화를 인정하지 않으려는 마음의 저항'입니다. 이 저항을 이겨내는 순간 투자는 과거의 가격이 아니라 미래의 가치를 향해 나아갑니다.

주식투자를 하면서 스스로의 마음을 먼저 봐야 합니다. 지금 하려는 행동이 편향 때문인지, 아닌지 늘 점검해야 합니다.

주식을
팔려고 할 때

　매도는 더 어렵습니다. 화면이 초록일 때도 불안하고, 빨강일 때도 불안합니다. 이익실현 편향이 가장 먼저 나타납니다. 사람은 손실의 고통을 이익의 기쁨보다 더 크게 느낍니다. 그래서 이익은 빨리 확정하고, 손실은 미룹니다. "이 정도면 됐다." "본전만 오면." 이렇게 말합니다. 그 결과 포트폴리오는 역설이 됩니다. 좋은 종목은 일찍 나가고, 나쁜 종목은 남습니다. 복리는 좋은 자산을 오래 들고 있을 때 만들어집니다. 그런데 손은 반대로 움직입니다.

　후회회피 편향은 결정을 얼어붙게 만듭니다. '팔았는데 오르면?' '안 팔았는데 떨어지면?' 상상만으로도 아픕니다. 그래서 손가락이 멈춥니다. 그러나 어떤 선택에도 후회는 남습니다. 차이는 단 하나. 원칙을 지켰는가? 계획대로 움직였는가? 결과는 통제할 수 없지만, 과정과 절차는 통제할 수 있습니다. 매도는 결과의 사건이 아니라, 과정과 절차의 결과입니다. 투자 원칙에 따라 과정과 절차를 지켜나가야 하는 이유입니다.

소유효과는 애착을 만듭니다. '내가 가진 것'은 더 가치 있어 보입니다. 실적이 흔들려도, 산업 환경이 어려워도 "이 회사는 원래 주기가 있어"라고 말하며 스스로를 달랩니다. 데이터가 아니라 관계의 언어로 말합니다. 여기서 질문을 바꿉니다. "지금 처음 본다면 이 가격에 살까?" 답이 "아니오"이면 이미 정답은 정해졌습니다. 소유는 때로 올가미입니다. 투자는 소유가 아니라 선택입니다.

매도에서도 확증편향은 반복됩니다. 팔지 않으려는 마음이 '팔지 않아도 될 이유'를 찾아냅니다. 유튜브, 뉴스, 커뮤니티가 위로를 쏟아냅니다. 위로는 근거가 아닙니다. 매도 전 두 가지를 묻습니다. "지금 팔아 더 나은 선택을 할 수 있는가?" "판단은 감정이 아니라 원칙에서 나왔는가?" 질문에 대한 답을 찾으면 투자 원칙을 지켜낼 수 있습니다.

손실회피는 가장 강력합니다. 같은 100만 원이라도 잃는 고통이 두 배로 큽니다. 그래서 화면이 파래지면 손이 얼어붙습니다. "조금만 더." 그런데 시장은 위로하지 않습니다. 2008년, 2020년 모두 같은 장면이었습니다. 초기에 팔지 못하고 더 깊이 내려가서 공포에 떠밀려 매도. 늦은 손절, 늦은 회복. 손실회피는 반응 속도를 늦춥니다. 다시 질문. "지금 처음 본다면 이 가격에 살까?" "아니오"라는 답이라면 행동은 매도여야 합니다.

여기까지 마음의 지도를 그렸습니다. 감정보다 원칙. 돈을 벌려고 하기 전에 마음을 다스려야 합니다. 투자의 본질은 확신이 아니라 확률입니다. "팔았다면 후회하지 말고, 샀다면 흔들리지 마라." 지키기 어렵습니다. 시장이 심리를 시험하기 때문입니다. 그래서 성공적인 투자는 지식보다 자기통제의 문제입니다.

워런 버핏은 인간의 심리적 편향을 가장 잘 억제하고 투자 원칙을 지켜나간 사람입니다. 버핏은 두려움에 휩쓸리지 않았고, 탐욕에 취하지도 않았습니다. 흔들릴 때마다 원칙으로 돌아갔습니다. 편향에 휘둘리지 않는 이유는 어린 시절부터 오랫동안 시장의 사이클을 직접 경험했기 때문입니다.

1942년. 그는 시티즈서비스(Cities Service)를 38달러에 샀습니다. 곧바로 27달러로 떨어졌습니다. 기다렸고, 40달러에 팔았습니다. 이후 200달러까지 올랐습니다. 여기서 얻은 경험. "두려움에 팔면, 기회도 함께 판다." 이 문장은 이후의 태도를 만들었습니다.

1960년대 초. 미국에 투기 열기가 가득했습니다. 시장은 성장주를 외쳤습니다. 그는 낡은 방직회사 버크셔해서웨이 안에서 가치를 봤습니다. 비효율적이었고, 화려하지도 않았습니다. 하지만 그는 '자본 배분'의 씨앗을 보았습니다. 남들이 떠난 자리에 들어갔고, 그 회사를 세계에서 가장 유명한 투자회사의 그릇으로 만들었습니다. 편향이 만든 공백에서 기회를 찾았습니다. 대표성 편향과 FOMO가 만든 소음을 무시하고, 구조를 봤습니다.

2008년 금융위기. 대부분 현금으로 도망가던 순간, 그는 골드만삭스와 GE에 투자했습니다. 모두가 피하던 불 속으로 들어갔습니다. "다른 이들이 두려워할 때 탐욕스러워하라." 구호가 아니라 실행이 된 순간이었습니다. 몇 년 뒤 큰 수익으로 돌아왔습니다. 손실회피와 후회회피가 지배하던 순간에 절차와 원칙이 작동했습니다.

2020년 팬데믹. 공포가 세계를 덮었습니다. 버핏은 이렇게 말했습니다. "이 공포는 새롭지 않다." 사이클은 반복되고, 감정도 반복됩니다. 공포의 문장을 익히 알고 있었습니다. 그래서 조급하지 않았습니다. "좋은 회사를 합리적인 가격에 사서 오래 들고 간다." "현금은 안전마진이다." "빚은 조심한다." 간단한 원칙이 복잡한 상황을 이겼습니다.

버핏의 성공은 숫자 이전에 심리의 승리입니다. 본능을 부정하지 않고, 다스렸습니다. "나는 천재가 아니다. 다만 감정이 나를 지배하도록 두지 않았을 뿐이다." 버핏은 수많은 기업을 샀지만, 진짜로 다스린 대상은 자신의 마음이었습니다. 상승과 하락의 파도 속에서 결국 이겨야 할 상대는 시장이 아니라 자기 자신이라는 사실. 오랜 시간 그 싸움에서 이겼습니다. 그래서 말할 자격이 있습니다. "시장을 이기는 법은 감정을 이기는 법이다."

사람은 언제나 흔들립니다. 지식보다 감정이 앞서고, 분석보다 본능이 빠릅니다. 주식투자도 결국 심리의 싸움입니다. 시장은 이성을 시험하는 공간이고, 감정을 드러내는 거울입니다.

주가는 변하지만, 인간의 감정은 잘 변하지 않습니다. 탐욕은 항상 늦게 멈추고, 두려움은 항상 일찍 시작됩니다. 그 사이에서 투자자는 같은 실수를 반복합니다. 대표성 편향, 확증편향, 후회회피, 손실회피 등 감정 편향의 이름은 다르지만 뿌리는 하나입니다.
"감정이 판단을 대신할 때 생기는 착각."

투자는 정보의 싸움이 아닙니다. 자신의 감정을 통제할 수 있는 사람과 그렇지 못한 사람의 싸움입니다. 그래서 워런 버핏은 말했습니다. "시장을 이기는 법은 감정을 이기는 법이다." 그는 수십 년간 같은 원칙을 지켰습니다. 흥분할 때 멈추고, 두려울 때 담았습니다. 두려움에 팔지 않았고, 탐욕에 취하지 않았습니다. 그의 가장 큰 재능은 분석이 아니라 인내였습니다. 한 걸음씩 절차를 지키며 나아가는 힘이었습니다.

영화 〈머니볼〉의 한 장면이 떠오릅니다. 운영하는 야구 팀이 흔들리던 순간, 브래드 피트가 말하죠. "This is a process. It's a process. Okay?" 과정이 중요하다는 의미입니다. 야구든 투자든, 과정이 곧 결과를 만듭니다. 승리는 하루에 만들어지지 않습니다. 하루하루 쌓이는 과정과 절차가 결국 승리를 부릅니다.

투자도 결국 과정입니다. 시장은 불규칙하지만, 절차는 일정해야 합니다. 흔들릴 때마다 원칙으로 돌아가는 일. 그것이 감정을 통제하는 유일한 방법입니다.

시장은 늘 우리를 시험합니다. 오를 때는 욕망으로, 내릴 때는 두려움으로 흔듭니다. 그래서 성공적인 투자는 언제나 감정을 다스리는 싸움입니다. 워런 버핏이 그랬듯, 진짜 투자자는 두려움 속에서도 원칙으로 돌아옵니다. 그가 수없이 강조한 말은 단순했습니다. "절대 잃지 마라." 그 문장 속엔 '감정을 잃지 말라'는 뜻도 담겨 있습니다.

결국 투자는 절차를 지키는 일입니다. 단기적인 이익보다 흔들리지 않는 원칙을 세우는 일입니다. 그 원칙은 화려하지 않습니다. 하지만 시장이 요란할수록 단순한 원칙이 진가를 드러냅니다. 그래서 투자자는 늘 스스로에게 물어야 합니다. "나는 지금 감정으로 행동하고 있는가, 원칙으로 행동하고 있는가?"

그 질문을 실천으로 옮기기 위해 다음의 체크리스트를 마음에 새기면 좋습니다. 이것은 투자에서 흔들리지 않기 위한 최소한의 절차입니다. 감정을 이기기 위한 구체적 방법이며, 자신을 지키는 약속입니다.

투자 원칙을 지키기 위한 심리 점검 체크리스트

투자는 마음의 싸움입니다. 심리적 편향을 이겨내려면, 감정이 아닌 원칙으로 스스로를 붙잡아야 합니다.
아래의 질문과 행동 원칙은 시장이 흔들릴 때마다 다시 돌아올 기준입니다. 결국 투자를 지켜주는 것은 정보가 아니라, 나 자신입니다.

매수 전 질문 "왜 지금, 왜 이 가격에 사려는가?" "무엇이 변하거나 틀리면 바로 팔 것인가?" 이 두 문장은 매수의 출발점입니다. 이유가 명확하지 않으면, 매수는 단지 감정의 반응일 뿐입니다.

반대 근거 찾기 나의 생각을 반박할 수 있는 한 줄을 먼저 기록하십시오. "내 생각보다 논리를 무너뜨릴 데이터는 무엇인가?" 확신보다 의심이 투자를 지킵니다.

앵커 제거 과거의 가격을 잊고, 현재의 가치와 미래의 현금흐름으로 재평가합니다. '본전'이라는 단어를 마음에서 지우는 순간, 비로소 현실이 보입니다.

FOMO 차단 남들의 수익보다 나의 원칙이 중요합니다. 투자 전, 목표 투자금과 현금 비율, 산업 비중, 개별 종목 한도를 미리 정하십시오. 계획이 있으면, 조급함은 줄어듭니다.

매도 규칙 "나는 왜 팔려고 하는가?" "지금 처음 투자한다면 이 가격에 살까?" 이 두 질문이 매도의 기준입니다. 감정이 아니라 근거로 행동하십시오.

원칙 행동 시장은 감정을 시험하지만, 원칙은 감정을 다스립니다. 판단과 행동의 기준을 늘 '계획'에 두십시오. 결과보다 과정이 더 중요합니다.

소유 감정 억제 "이 주식을 여전히 들고 있을 이유가 있는가?" 보유의 이유가 감정이라면, 그것은 투자보다 집착에 가깝습니다. 좋은 기업이 반드시 좋은 투자로 이어지는 것은 아닙니다.

손실 대응 손실은 피할 수 없습니다. 다만 손실을 대하는 태도는 선택할 수 있습니다. 손실보다 중요한 것은, 그다음입니다. 잃은 자리에서 배울 것을 기록하고, 다음 투자 대상을 찾아두십시오. 투자는 후회가 아니라 회복의 기술입니다.

투자 루틴을
만들어라

　시장은 끊임없이 변합니다. 그러나 나의 질문과 원칙은 변하지 않아야 합니다. 체크리스트를 만들어야 하는 이유입니다. 체크리스트는 시장이 흔들릴 때마다 나를 원점으로 돌려놓는 나침반입니다. 투자의 힘은 지식이 아니라 절차입니다. 그리고 그 절차를 지키는 마음은 현명한 투자를 위한 출발이자 마지막입니다.

　절차는 속도의 문제가 아닙니다. 방향의 문제입니다. 시장이 흔들릴 때마다 방향을 잃지 않는 것이 결국 감정을 이기는 강한 투자자의 길입니다. 감정을 통제하는 사람은 시장에서 오래 버팁니다. 그리고 원칙을 실천하는 사람은 시장에서 성장합니다. 원칙은 생각이고, 루틴은 행동입니다. 투자는 생각보다 습관의 문제입니다.

한 번의 통찰보다 매일의 반복이 더 강합니다. 지식은 잊히지만, 루틴은 남습니다. 투자에서 가장 강한 무기는 지능이 아니라 일관성입니다. 일관성을 만드는 것이 바로 '투자의 루틴'입니다.

루틴은 의식이 아닙니다. 습관입니다. 의도적이고, 단순하며, 꾸준해야 합니다. 매일 아침 뉴스를 보는 일도, 일주일에 한 번 포트폴리오를 점검하는 일도, 분기마다 기업 실적을 복기하는 일도 모두 루틴입니다. 작은 일, 단순한 반복이 결국 마음의 구조를 만듭니다. 구조가 결국 당신의 투자를 지켜줍니다. 루틴을 만들기 위해 해야 할 일을 지금부터 시작하십시오.

매일 해야 할 일

시장보다 먼저 깨어 있으십시오. 아침 7시, 세계 시장 뉴스를 가볍게 봅니다. 뉴욕 증시가 하락했습니다. 하지만 이유를 단정하지 마십시오. "금리 인상 우려", "엔비디아 실적 실망" 같은 제목에 휘둘리지 마십시오. 뉴스를 보되, 해석은 천천히 하십시오.

가격보다 데이터를 먼저 보십시오. 환율이 전일 대비 5원 올랐는지, 미국 10년물 금리가 몇 %에서 마감했는지를 확인하십시오. 소문보다 사실을 먼저 점검하십시오. "삼성전자 실적 쇼크"라는 기사가 떠도, 실제 공시를 직접 확인해보십시오.

주요 뉴스를 본 뒤에 거시경제 지표를 체크합니다. 중요한 것은 금리입니다. 미국 10년 만기 국채 금리가 핵심입니다. 미국 10년물 국채 금리는 주식시장의 '심장박동'처럼 움직입니다. 조용히 뛰지만, 모든 자산 가격에 영향을 줍니다. 미국 10년 만기 국채 금리는 전 세계 돈의 기준금리처럼 쓰입니다. 미국이 가장 안전한 나라로 인식되기 때문에 사람들은 돈을 맡길 때 "미국 10년 만기 금리보다 더 주나?"를 먼저 봅니다. 기업도, 투자자도, 심지어 다른 나라 정부도 미국 10년 만기 금리를 기준으로 움직입니다.

금리가 오르면 돈을 빌릴 때 내야 하는 이자가 함께 올라갑니다. 기업의 비용이 늘고, 이익이 줄어들죠. 주가는 자연스럽게 상승이 제한되고 하락할 수 있습니다. 사람들이 '안전한 미 국채에서 4~5% 받으면 충분한데, 굳이 위험한 주식을 살 필요가 있을까?'라고 생각하기 때문입니다.

반대로 금리가 떨어지면 기업은 이자를 덜 내고, 이익이 늘어날 기대가 생깁니다. 투자자들은 '주식이 더 매력적이다'라고 느끼며 주식시장으로 돈을 옮깁니다. 또 하나. 10년물 금리는 미국 경제의 건강 상태를 보여줍니다. 경기가 좋아질 것 같으면 금리가 올라가고, 경기가 식을 것 같으면 금리가 내려갑니다. 그래서 어느 날 금리가 갑자기 변동되면 주식시장이 흔들리고, 갑자기 크게 상승하면 시장 전체가 불안해집니다.

미 국채 10년물 금리는 주식시장, 부동산, 환율, 기업가치까지 모든 길이 연결된 '큰 시계추'와 같습니다. 그래서 투자자들은 매일 이 숫자를 확인합니다. 오늘 시장이 왜 흔들렸는지, 내일은 어떤 바람이 불지, 가장 먼저 알려주는 신호이기 때문입니다.

주요 기업의 주가 변동도 매일 체크해야 합니다. 가장 먼저 볼 것은 시가총액이 큰 회사들의 움직임입니다. 대표 기업들의 주가는 시장 흐름을 가장 빠르게 반영합니다.

우선 미국 시장 대표주부터 살펴봅니다. 출발점은 엔비디아(Nvidia, NVDA)입니다. AI 시대를 상징하는 기업이고, 기술주의 온도를 가장 민감하게 보여줍니다. 엔비디아 주가가 어떻게 움직였는지, 왜 변동됐는지를 확인하는 일은 미국 시장의 리듬을 읽는 데 매우 중요합니다.

이어서 빅테크 대표기업들을 봅니다. 애플(Apple, AAPL), 마이크로소프트(Microsoft, MSFT), 아마존(Amazon, AMZN), 알파벳(Alphabet, GOOGL), 테슬라(Tesla, TSLA)입니다. 이 기업들의 주가는 소비, 기술 투자, 광고 시장, 성장 기대를 모두 반영합니다. 변동 이유를 간단하게라도 이해하면 오늘 시장이 어떤 신호를 보내는지 빠르게 파악할 수 있습니다.

다음은 금융과 소비의 체온계를 확인합니다. 미국 금융의 대표주 JP모건(JPMorgan, JPM), 미국 소비 흐름의 대표기업 월마트(Walmart, WMT)입니다. 금리 변화, 경기 민감도, 물가 흐름 등을 읽을 수 있습니다.

한국 기업들도 당연히 포함해야 합니다. 삼성전자, SK하이닉스를 중심으로 시가총액 상위 기업들의 주가를 꾸준히 확인합니다. 특히 주가 변동폭이 컸던 기업들은 시장의 민감도를 가장 잘 보여주므로 더욱 자주 점검해야 합니다.

시가총액 순위	종목명	시가총액 순위	종목명
1	삼성전자	21	LG화학
2	SK하이닉스	22	현대모비스
3	LG에너지솔루션	23	하나금융지주
4	삼성바이오로직스	24	POSCO홀딩스
5	현대차	25	카카오
6	HD현대중공업	26	삼성SDI
7	두산에너빌리티	27	삼성중공업
8	한화에어로스페이스	28	삼성화재
9	KB금융	29	고려아연
10	기아	30	현대로템
11	셀트리온	31	SK이노베이션
12	NAVER	32	효성중공업
13	한화오션	33	메리츠금융지주
14	SK스퀘어	34	SK
15	신한지주	35	우리금융지주
16	삼성물산	36	포스코퓨처엠
17	한국전력	37	HMM
18	HD한국조선해양	38	HD현대
19	삼성생명	39	KT&G
20	HD현대일렉트릭	40	기업은행

이외에도 각 산업을 대표하는 기업 몇 곳을 정해놓고 주가와 기업 변화를 지속적으로 관찰하는 일은 주식투자에서 가장 기본적이면서도 강력한 루틴입니다. 앞의 표는 코스피 상장회사 중 시가총액 상위 40개 기업입니다. 확인한 다음 관심 있는 산업과 기업을 중심으로 '대표주 리스트'를 직접 구성해두시면 좋습니다.

그날의 계획을 한 줄로 기록하십시오. "오늘은 매수하지 않는다." "오늘은 어제 산 종목의 흐름을 지켜본다." "오늘은 PER 10배 이하 종목 중 배당주를 다시 검토한다."

이 짧은 문장이 하루를 지켜줍니다. 하루가 지나면 다시 적으십시오. "오늘은 잘 참았다." 혹은 "감정이 흔들렸다." 이렇게 하루를 기록하는 습관이 결국 돈을 지키는 습관입니다.

매주 해야 할 일

한 주를 마감하며 포트폴리오를 점검하십시오. 수익률보다 구조를 보십시오. 예를 들어 이번 주 수익률이 +3%라도 그것이 우연인지, 구조의 힘인지 확인해야 합니다.

성과를 보기보다 이유를 적으십시오. 예를 들어 "삼성전자 매도 후 주가 상승 → 매도 타이밍 조급함", "현금 비중 유지 → 금리 인상 불확실성 대응 성공" 이렇게 이유를 써두면, 다음 주에 같은 실수를 줄일 수 있습니다. 성과보다 이유를 적는 것이 중요합니다. 이유가 반복되면 전략이 됩니다. 전략이 쌓이면 습관이 되고, 습관이 결국 당신의 수익률을 지켜줍니다.

매월 해야 할 일

한 달에 한 번은 시장을 멀리서 보십시오. 하루의 등락, 종목의 뉴스에서 잠시 벗어나 큰 지도를 펼쳐보는 시간입니다. 개별 종목이 아니라 시장의 흐름과 금리, 유동성, 환율의 변화를 점검하십시오. 예를 들어 미국 10년물 금리가 한 달 새 3.8%에서 4.3%로 상승했다면, 이는 단순한 숫자가 아니라 시장의 기류 변화입니다. 원/달러 환율이 1,350원에서 1,400원으로 올랐다면 외국인 자금이 빠져나가고 있다는 신호일 수 있습니다. 코스피가 2,800선에서 3,000선을 회복했다면 단순 반등인지, 새로운 추세의 시작인지 차분히 판단해야 합니다.

투자는 나무가 아니라 숲을 보는 일입니다. 한 달 동안 '어떤 종목이 올랐는가'보다 '어떤 흐름이 만들어지고 있는가'를 관찰하십시오. 예를 들어 2차전지 종목이 조정을 받았지만 반도체와 은행주가 강했다면, 시장의 관심이 성장주에서 가치주로 이동하는 흐름일 수 있습니다. ETF 비중이 높은 개인투자자라면, 자산 간의 비중도 함께 조정하십시오. '주식 70%, 채권 20%, 현금 10%'라는 구성이 한 달 전과 지금, 여전히 유효한가 점검하십시오.

그리고 마지막으로 스스로에게 물어보십시오. "이번 달 내가 한 행동이 내 투자 원칙과 일치했는가?" 예를 들어 "하락장에서도 분할 매수를 지켰는가?" "단기 뉴스에 흔들려 감정적으로 매도하지 않았는가?" "싼 종목이 아니라 '가치가 있는 종목'을 샀는가?" 이 질문 하나로도 한 달의 투자 성적이 달라집니다.

투자는 결국 자신과의 대화입니다. 숲을 보는 시간, 그 한 시간이 당신의 방향을 바로잡습니다.

매 분기 해야 할 일

분기에는 기업이 실적을 발표합니다. 기업의 실적 발표는 투자자의 시험입니다. 세 달 동안 내가 믿어온 판단이 옳았는지, 기업이 약속을 지켰는지 확인하는 시간입니다. 좋은 기업은 말로 설명하지 않아도 숫자가 말해줍니다. 그 숫자를 읽을 줄 알아야 합니다.

먼저 매출입니다. 예를 들어 삼성전자의 분기 매출이 70조 원에서 80조 원으로 늘었다면 단순히 '좋다'로 끝내지 마십시오. 증가의 이유가 무엇인지, 반도체 가격 상승 때문인지, 환율 효과인지 구체적으로 살펴보십시오. 매출의 방향은 기업의 '시장 지배력과 성장성'을 보여줍니다.

두 번째는 영업이익입니다. 매출이 늘었는데 영업이익이 줄었다면, 비용 구조에 문제가 생긴 것입니다. 예를 들어 원자재 가격 상승으로 이익이 깎였는지, 판관비가 늘었는지 손익계산서를 직접 확인하십시오. 영업이익은 기업의 '체력'을 보여주는 지표입니다.

세 번째는 잉여현금흐름(Free Cash Flow, FCF)입니다. 이익이 나도 현금이 빠져나가면, 기업은 여전히 숨이 차 있습니다. 예를 들어 어떤 기업이 당기순이익 1,000억 원을 냈지만 FCF가 마이너스라면, 신규 투자나 재고 증가로 현금이 묶였을 가능성이 큽니다. FCF는 '진짜로 돈이 남는 회사인가?'를 알려주는 현실의 지표입니다.

마지막은 자기자본이익률(ROE)입니다. 자기 돈으로 얼마를 벌었는지를 보여주는 비율이죠. 예를 들어 ROE가 5%에서 12%로 올랐다면, 기업이 자본을 훨씬 효율적으로 쓰고 있다는 뜻입니다. 반대로 꾸준히 떨어진다면 경쟁력이 약해지고 있음을 경고하는 신호입니다.

이 네 가지—매출, 영업이익, FCF, ROE— 지표만 꾸준히 기록해도 분기별 기업 점검표가 완성됩니다. 엑셀 한 칸에 숫자를 적고, 옆 칸에 이유를 적으십시오. "매출 증가 - 신제품 출시 효과" "FCF 감소 - 신규 설비투자 확대" 이렇게 이유를 덧붙이면 단순한 숫자가 '이야기'로 바뀝니다.

실적이 개선되었는가? 전망이 유지되는가? 이 두 질문을 매 분기 던지면, 투자가 더욱 탄탄해집니다. 숫자가 말하는 언어를 이해할 수 있을 때 시장의 소음은 줄어듭니다. 그리고 그 순간, 당신의 투자는 데이터가 아니라 '신념' 위에 서 있게 됩니다.

매년 해야 할 일

일 년에 한 번은 계좌를 닫고 자신을 평가하십시오. 수익률을 보기 전에 올해의 '나'를 먼저 들여다보는 시간입니다. '올해는 투자 원칙을 얼마나 잘 지켰는가?' "주가가 매수 단가보다 10% 하락하면 손절매한다"는 원칙을 세웠다면, 실제로 시장이 흔들릴 때 그 원칙을 지켰는지 스스로 물어보십시오. "3월 급락장에서 공포를 이기고 매수했는가, 아니면 뉴스에 흔들려 매도 버튼을 눌렀는가?" 지킨 하루는 신념이 되고, 흔들린 하루는 교훈이 됩니다.

내 판단을 흔든 요인은 무엇이었는가? "친구의 추천으로 들어간 종목에서 손실을 봤다." "유튜브의 낙관론을 듣고 추격 매수했다." 그 순간의 감정—조급함, 불안, 탐욕—을 구체적으로 적어두십시오. 이 기록은 내년의 실수를 막는 방패가 됩니다. 그리고 무엇보다 물어보십시오. "나는 올해 성장했는가?" 돈이 아니라 태도의 성장입니다. 작년에는 하루에도 수십 번 시세를 확인했지만, 올해는 한 주에 한 번만 포트폴리오를 점검했다면, 그것이 성장입니다. 과거엔 손실에 분노했지만 이제는 이유를 분석하고 담담히 기록했다면, 그것도 성장입니다.

수익보다 더 큰 자산은 바로 이 '태도의 변화'입니다. 태도의 변화가 없으면, 다음 해의 수익도 없습니다. 시장은 매년 변하지만 나의 태도가 성장하지 않으면, 결국 같은 자리에서 맴돕니다. 그러니 한 해의 마지막 날, 그래프보다 일기를 먼저 여십시오. 그 안에 당신의 진짜 수익률이 적혀 있을 것입니다.

루틴, 즉 해야 할 일은 단조로워야 합니다. 단조로움이 마음을 단단하게 만듭니다. 버핏이 수십 년을 같은 방식으로 살았던 이유도 그것입니다. 그는 매일 같은 시간에 일어나, 같은 음식으로 아침을 먹고, 같은 신문을 읽고, 같은 원칙으로 투자했습니다. 이러한 반복이 바로 복리보다 강한 힘입니다.

시장에는 수많은 투자 전략이 있습니다. 그러나 모든 전략의 뿌리는 하나입니다. 꾸준함입니다. 꾸준함은 지루하고 재미없지만 지루함을 견디는 힘이야말로 가장 큰 경쟁력입니다.

투자자는 언제나 세 가지 싸움을 합니다. 시장의 싸움, 정보의 싸움, 그리고 자신과의 싸움. 그중에서 가장 오래 가는 싸움은 마지막입니다. 그래서 루틴은 단순한 기록이 아니라 자기통제의 구조입니다. 루틴을 만드는 사람은 시장에 휘둘리지 않습니다. 루틴이 있는 투자자는 감정이 들어올 자리를 남겨두지 않습니다.

주식투자는 사건이 아니라 시간입니다. 결과가 아니라 과정입니다. 그리고 그 과정을 매일 같은 방식으로 살아내는 사람, 그가 결국 '꾸준히 이기는 사람'이 됩니다. 하루의 루틴이 마음을 만들고, 마음이 결국 자산을 만듭니다. 진짜 부는 지식에서 시작되지 않습니다. 습관에서 시작됩니다.

"This is a process." 이 문장은 결국 이렇게 완성됩니다. "And process becomes routine." 과정이 습관이 되고, 습관이 결과를 만듭니다. 그것이 시장이 우리에게 알려주는 가장 단순하고도 큰 진리입니다.

Stock Investing for Progress

4장

Stock
Investing
for
Progress

미래를
향해
행동하라

진보의 방향

 미래는 저절로 오지 않습니다. 만들어야 합니다. 누군가는 두려움 앞에 멈추고, 누군가는 불확실한 미래 속으로 걸어 들어갑니다. 두려움은 과거에 우리를 묶지만, 희망은 언제나 행동 속에서 살아 있습니다.

 주식투자를 하는 이유는 단 하나입니다. 미래를 바꾸기 위해서입니다. 그것은 단순히 수익을 얻는 기술이 아닙니다. 삶을 바꾸는 방식이며, 세상을 바꾸는 행동입니다. 우리는 주식투자를 통해 스스로에게 묻습니다. "투자를 통해 나는 어떻게 달라질 것인가?" "그리고 이 투자로 어떤 세상을 만들 것인가?"

 2026년, 그리고 그 이후에도 우리는 끊임없이 도전을 받게 될 것입니다. 전쟁의 위협이 이어지고, 기후는 경고하고 있습니다. 기술은 눈부시게 발전하지만, 인간의 마음은 따라가지 못합니다. 정치는 여전히 분열되어 있고, 세상은 한계와 가능성 사이에서 흔들립니다. 그러나 바로 그 불안 속에서 새로운 세상은 태어납니다. 역사는 언제나 위기의 끝에서 다시 시작되었습니다. 고통이 지나간 자리에서 혁신이 움텄고, 혼란이 지나간 자리에서 희망이 자라났습니다.

세상은 숫자와 뉴스로만 설명되지 않습니다. 지표와 통계, 예측과 전망이 세상을 움직이지 않습니다. 세상을 움직이는 것은 결국 '행동'입니다. 한 사람의 결심, 한 사람의 투자, 한 사람의 선택이 조용히 시장의 방향을 바꿉니다. 그 변화가 쌓여 기업을 바꾸고, 기업의 변화가 사회를 바꿉니다.

주식투자는 행동의 한 양식입니다. 그것은 단순한 자본의 이전이 아니라, 의지의 이동이며, 신념의 이동입니다. 우리가 어디에 돈을 투자하는지가 곧 우리가 어떤 미래를 믿는지 보여줍니다. 가치 있는 기업에 투자한다는 것은 가치를 세상에 실현시키는 행동입니다.

이제 우리는 압니다. 지식만으로는 세상이 바뀌지 않는다는 것을. 데이터를 아는 사람보다 행동하는 사람이 세상을 바꾼다는 것을. 주식투자는 '아는 일'이 아니라 '실천의 일'입니다. 공부는 시작일 뿐, 진짜 변화는 행동의 순간에 일어납니다. 행동이 기업의 방향을 바꾸고, 기업이 사회의 구조를 바꾸며, 결국 구조가 한 세대의 문화를 바꿉니다. 그것이 자본이 가진 가장 강력한 힘입니다.

이제 우리는 진보를 구호로 외칠 필요가 없습니다. 투자로 진보를 실현할 수 있습니다. 가치 있는 기업에 자본이 흐르고, 지속 가능한 산업에 돈이 모이고, 윤리적 경영이 시장의 중심에 자리 잡을 때, 진보는 현실이 됩니다. 그때 시장은 더 이상 탐욕의 공간이 아니라, 미래를 만드는 공간이 됩니다.

미래를 향한 투자는 예측이 아닙니다. 그것은 의지의 표현이며, 행동의 언어입니다. 시장을 기다리는 것이 아니라, 시장 속으로 직접 걸어 들어가 방향을 만드는 일입니다.

행동은 곧 책임입니다. 책임은 곧 희망입니다. 우리가 올바른 방향으로 투자할 때, 세상을 조금씩 바꿀 수 있습니다. 작은 행동이 모여 시장의 구조를 바꾸고, 결국 사회의 미래를 만듭니다.

미래는 멀리 있지 않습니다. 오늘의 선택 속에 미래가 만들어집니다. 매일의 투자, 매일의 기록, 매일의 결심이 모여 우리의 내일을 만들어갑니다. 행동이 모여 희망의 구조를 짓습니다.

미래는 예측하는 것이 아니라, 만드는 것입니다. 그리고 만드는 일은 언제나 행동하는 투자자의 몫입니다. 아인슈타인은 이렇게 말합니다. "세상을 망치는 것은 악한 사람이 아니라, 아무것도 하지 않는 사람이다." 우리의 침묵은 세상을 바꾸지 못합니다. 우리의 작은 행동은 분명 세상을 움직일 수 있습니다. 그래서 우리는 오늘도 두려움 대신 행동을 선택해야 합니다. 행동이 곧 미래입니다.

돈과
투자의 미래

투자는 인간의 의지를 반영합니다. 돈이 어디로 흘러가느냐가 곧 세상의 방향을 결정합니다. 투자가 멈춘 사회는 미래를 잃은 사회입니다. 성장은 자본의 흐름 위에 피어나는 꽃과 같습니다. 그 뿌리가 마르면, 희망도 자라지 못합니다.

개인에게도 투자는 생존의 언어입니다. 노동만으로는 부를 지키기 어렵습니다. 물가 상승은 저축의 가치를 서서히 갉아먹습니다. 복리는 늘 자본의 편에서 작동합니다. 시간이 지나면, 돈은 일하는 자의 손에서 떠나 돈이 일하게 만든 사람에게 모입니다.

단순히 돈을 모으는 시대는 끝났습니다. 이제는 돈이 일하게 해야 하는 시대입니다. 노동이 시간을 팔아 얻는 대가라면, 투자는 시간을 사서 미래를 여는 기술입니다. 그 기술을 익힌 사람만이 불확실한 시대에 살아남습니다.

투자는 돈이 아니라 시간을 늘리는 일입니다. 오늘의 돈으로 내일의 가능성을 사는 일입니다. 그것은 노동의 한계를 넘어서는 유일한 길이며, 자본주의 속에서 개인이 스스로를 지키는 가장 현명한 방법입니다. 결국 투자의 목적은 단순한 축적이 아닙니다. 돈을 통해 시간을 얻고, 시간을 통해 자유를 얻는 일입니다.

〈겸손은 힘들다 뉴스공장〉의 김어준 공장장은 말합니다. "내가 돈을 버는 이유는 하고 싶은 일을 하고 싶어서다." 그 말은 결국 투자와 같은 뜻을 지닙니다. 투자는 단순히 돈을 늘리는 일이 아닙니다. 삶의 선택지를 넓히는 일입니다. 돈을 위한 투자가 아니라, 자유를 위한 투자입니다. 그것이 바로 미래를 향한 진짜 투자입니다.

대한민국의 가계 자산은 여전히 땅 위에 묶여 있습니다. 한국은행과 금융연구원 자료에 따르면, 가계 자산의 약 65%가 부동산 등 비금융자산입니다. 이는 OECD 평균보다 두 배 가까이 높은 수치입니다. 고령세대일수록 부동산 비중은 크게 상승합니다. 65세 이상 가구의 평균 부동산 보유 비중은 80%가 넘습니다.

한국의 자본은 움직이지 않습니다. 부동산 위에 머물고, 부동산을 담보로 다시 부채가 쌓입니다. 이러한 구조는 경제의 순환을 막습니다. 부동산 자산은 생산성을 만들지 못합니다. 집값이 오르면 부채가 늘어나고 소비가 줄어듭니다. 투자의 이름으로 시작했지만 결과는 '정체된 구조'입니다. 자산의 편중이 결국 기회의 편향을 만듭니다.

금융연구원의 연구에 따르면, 부동산 비중이 높은 가계일수록 투자자산 비중은 낮습니다. 주식과 채권에 대한 투자가 줄어들수록 자본시장의 유동성도 함께 줄어듭니다. 결국 부동산 과잉은 단지 개인의 문제가 아니라, 국가의 성장 구조를 약화시키는 요인이 되고 있습니다.

자본주의는 투자자가 있어야 돌아갑니다. 투자가 없다면 혁신 기업은 자금을 구하지 못하고, 사회는 새로운 기술을 얻지 못합니다. 개인의 투자 행동이 모여 시장을 만들고, 자본시장이 사회의 구조를 결정합니다. 워런 버핏은 말합니다. "우리는 시장에 참여함으로써 기업의 주인이 된다." 투자는 단순한 숫자 놀이가 아니라, 기업과 사회의 방향을 함께 결정하는 일입니다. 한국 사회에서 투자는 오랫동안 '투기' 이미지로 묶여 있었습니다. 부동산에 묶여 있는 돈이었기 때문입니다. 진짜 투자는 가치와 시간의 결합입니다. 미래를 보고 자본을 맡기는 일이며, 기업의 성장에 참여하는 일입니다. 이 과정에서 투자자는 소비자가 아닌 '동반자'가 됩니다.

최근 변화의 조짐이 나타나고 있습니다. 2025년 10월 말 기준, 국내 개인투자자들의 주식 계좌 잔액은 사상 최고 수준을 기록했습니다. 동학개미로 불렸던 흐름이 일시적 열풍이 아니라 하나의 구조적 전환이 가능할 수 있다는 판단입니다.

2025년 뉴욕을 방문한 이재명 대통령은 외국 투자자들에게 "한국 주식은 여전히 저평가되어 있다. 이제는 부동산에 머물던 자금이 산업으로 흘러가야 한다"고 말했습니다. 단순한 시장 홍보가 아니라, 한국 경제의 체질과 자본의 흐름을 바꾸겠다는 방향 전환 선언이었습니다. 대통령실도 "부동산 자금의 주식 이전을 가속화하겠다"고 밝혔습니다. 단순한 자산 재배분이 아닙니다. 기업 중심의 경제, 혁신 중심의 자본시장으로 나아가기 위한 사회적 자본 전환입니다.

부동산은 한계를 드러내고 있습니다. 인구가 줄고 고령화되면서 집은 더 이상 '무조건 오르는 자산'이 아닙니다. 한국의 젊은 세대는 그 사실을 잘 알고 있습니다. 이제는 공간보다 기술에, 벽돌보다 데이터에, 집이 아니라 기업에 투자하기 시작했습니다.

투자는 단순한 개인의 선택이 아닙니다. 자본이 어디로 향하는가에 따라 사회의 미래가 달라집니다. 혁신 기업에 자금이 몰리면 새로운 산업이 생기고, 그 산업이 일자리를 만들고, 국가의 성장률을 끌어올립니다. 반대로 자본이 부동산에 갇히면 생산성이 정체됩니다.

《하버드 비즈니스 리뷰》는 "자본이 혁신보다 자산 가격에 집중될 때 사회의 불평등은 구조화된다"고 지적했습니다. 이는 지금까지의 한국 현실과 다르지 않습니다. 생산성이 아닌 부동산과 자산 가격에 돈이 몰릴수록 불평등은 심화되고, 사회의 활력은 떨어집니다.

주식투자는 이 구조를 바꾸는 가장 직접적인 행동입니다. 기업의 이익이 사회의 이익으로 연결되고, 그 수익이 다시 투자로 돌아올 때 경제는 선순환의 궤도로 들어섭니다.

돈은 의지를 따라 흐릅니다. 어디에 돈을 두느냐가 곧 우리가 어떤 미래를 선택하는가를 말해줍니다. 부동산이 과거의 안정에 투자하는 행위라면, 주식은 미래의 성장에 투자하는 행동입니다.

미래를 위한 우리 세대의 과제는 분명합니다. 돈의 방향을 바꾸는 일입니다. 땅에 묶인 자본을 시장으로, 부동산에 잠든 자금을 산업으로, 과거의 안전에서 미래의 성장으로 옮겨야 합니다.

투자는 단순한 경제 행위가 아닙니다. 행동입니다. 행동이 모여 사회의 구조를 바꾸고, 바뀐 구조가 다음 세대의 기회를 만듭니다. 미래의 자본주의는 투기보다 투명함을, 소유보다 참여를, 단기보다 지속을 요구합니다. 한국의 투자자들이, 국민들이 새로운 방향으로 움직일 때 진보는 단순한 이상이 아니라 현실이 됩니다. 돈의 방향이 세상의 방향입니다. 투자는 미래를 결정합니다. 이제 우리는 돈과 투자의 미래를 읽어야 할 시점에 서 있습니다.

1970년 8월 15일, 박정희 대통령은 광복절 경축사에서 서울의 인구 분산과 도시 재정비를 위해 강남 개발을 언급했습니다. 강남 개발의 출발점이 되었습니다. 신문은 앞다투어 강남을 이야기했고, 도로

와 다리가 놓이며 새로운 도시가 태어났습니다. 비밀이 아니었습니다. 그러나 강남에 투자한 사람은 많지 않았습니다.

2025년, 이재명 대통령이 주식투자를 이야기하고 정부와 여당이 상법 개정과 '코스피 5,000 시대'를 준비하고 있습니다. 비밀이 아닙니다. 그런데도 여전히 사람들은 부동산만 이야기합니다. 10년 뒤 아이들이 질문할지도 모릅니다. "엄마 아빠, 코스피 5,000이 비밀이었나요?"

세상의 변화는 비밀스럽게 오지 않습니다. 다만 읽지 못할 뿐입니다. 지금, 돈과 투자의 미래를 읽어야 할 시간입니다.

대한민국,
수직적 진보를 꿈꾸며

　미국의 벤처투자자 피터 틸은 사람들은 지금보다 다른 진보된 미래를 꿈꾼다고 이야기합니다. 이때 진보는 둘 중에 하나라고 말합니다. 바로 '수평적 진보'와 '수직적 진보'입니다. 수평적 진보는 효과가 입증된 것을 베끼는 것, 즉 1에서 n으로 늘어나는 것을 뜻합니다. 반면 수직적 진보는 새로운 일을 하는 것, 즉 0에서 1을 창조하는 것을 뜻합니다. 예를 들어 한 개의 계산기를 보고 100개의 계산기를 만들었다면 수평적 진보를 이룬 것입니다. 계산기를 본 다음 엑셀 프로그램을 만들었다면 수직적 진보라고 말할 수 있습니다.

　대한민국은 오랫동안 수평적 진보를 통해 성장해왔습니다. 선진국의 제품을 카피했고 후발주자로서 빠른 생산성 향상을 통해 경쟁해왔습니다. 수평적 진보를 통해 성공적인 성장 스토리를 만들었습니다. 글로벌화가 빠르게 진행되는 기간에는 수평적 진보가 더 유리했기 때문입니다. 하지만 이제는 글로벌화와 기술의 관계 자체가 변하고 있습니다. 1800년대 이후 세계 경제는 기술 발전과 글로벌화의 상호작용을 통해 성장해왔지만, 두 흐름이 항상 같은 속도로 움직이지 않았습니다. 때로는 기술이 앞서가고, 때로는 글로벌화가 멈추기도 했습니다. 세계 경제의 역사는 결국 이 두 힘이 어떻게 엇갈리고, 또 함께 나아갔는가의 이야기입니다. 그렇다면 지금 우리는 어떤 시점에 서 있는 것일까요?

글로벌화와 기술에 대해 생각해볼 필요가 있습니다. 1800년대 이후 세계 경제는 이 두 축, 즉 기술 발전과 글로벌화의 상호작용을 통해 성장해왔습니다. 하지만 이 두 흐름은 언제나 같은 속도로 움직이지 않았습니다. 때로는 기술이 앞서가고, 때로는 글로벌화가 뒤따르거나 멈추었습니다. 세계 경제의 역사는 바로 이 두 힘이 어떻게 엇갈리고, 함께했는가에 대한 역사라고 할 수 있습니다.

1800년대 초, 1차 산업혁명은 인류의 경제구조를 근본적으로 바꾼 거대한 출발점이었습니다. 증기기관의 발명으로 생산성이 폭발적으로 증가했고, 인류는 '노동'과 '기계'의 새로운 결합 방식을 배웠습니다. 제임스 와트(James Watt)의 증기기관이 석탄을 운동에너지로 바꾸어내자, 공장과 기계가 인간의 노동력을 대체하기 시작했습니다. 방적기와 방직기의 보급으로 면직물 생산량이 급증했고, 그 결과 영국은 '세계의 공장'으로 불리게 되었습니다.

기술의 발전은 곧 글로벌화의 가속으로 이어졌습니다. 증기선과 철도의 등장은 세계를 물리적으로 연결했습니다. 1800년대 초만 해도 영국에서 미국으로 대서양을 건너는 데 6주 이상이 걸렸지만, 1840년대 증기선의 상용화 이후 그 시간은 2주 이하로 단축되었습니다. 기술혁신은 단순히 시간을 줄인 것이 아니라, 세계 시장을 하나로 통합하는 통로를 연 것이었습니다.

예를 들어 영국산 면직물은 인도와 중국 시장으로 빠르게 퍼져나갔고, 반대로 인도산 면화, 사탕수수, 홍차는 유럽으로 대량 유통되었습니다. 이 시기 글로벌 무역량은 1800년대 초 대비 약 10배 이상 증가했습니다. 철도의 확산도 마찬가지입니다. 1830년 영국 리버풀-맨체스터 간 철도가 개통된 이후, 19세기 말에는 유럽 대륙 전역과 북미, 러시아, 인도까지 철도가 이어졌습니다. 석탄, 철광석, 농산물 그리고 노동자들이 도시와 항구로 이동하면서 국가 단위의 시장경제가 형성되었습니다.

그러나 이 흐름은 1차 세계대전(1914~1918)을 기점으로 급격히 바뀌었습니다. 1910년대부터 1970년대 초까지 약 60년간은 기술의 발전 속도는 빨랐지만 글로벌화는 정체된 시기였습니다. 전쟁, 공황, 이념 대립이 세계의 교류를 가로막았기 때문입니다.

예를 들어 1929년 대공황 이후 미국을 비롯한 각국은 보호무역 정책을 강화했습니다. 스무트-홀리 관세법(Smoot-Hawley Tariff Act)으로 미국의 평균 관세율은 60%를 넘었고, 이에 대한 보복으로 세계 무역량은 1930년대 초반에 약 3분의 1 수준으로 급감했습니다. 2차 세계대전(1939~1945)은 세계 시장을 다시 분절시켰고, 전후에는 냉전이라는 새로운 장벽이 생겼습니다.

자본주의와 공산주의 진영으로 나뉜 세계는, 기술은 발전했지만 글로벌화는 제한된 상태에 머물렀습니다.

이 시기에 기술은 빠르게 진보했습니다. 자동차, 전기, 항공, 원자력, 컴퓨터 등 근대 산업문명의 기초 기술들이 완성되었습니다. 포드는 1913년 세계 최초로 컨베이어 벨트를 이용한 대량생산 시스템을 도입해 자동차를 산업의 상징으로 만들었습니다. 자동차 한 대를 조립하는 데 12시간 걸리던 공정이 1시간 반으로 단축되면서 생산성과 임금이 동시에 상승했습니다. 이후 자동차는 단순한 이동수단을 넘어 도시 구조와 생활문화를 바꾸는 기술로 자리 잡았습니다.

전기는 산업의 '혈류'로 작용했습니다. 토머스 에디슨(Thomas Edison)이 백열전구와 발전기를 실용화하고, 니콜라 테슬라(Nikola Tesla)가 교류 시스템을 확립하면서 전기는 공장과 가정, 도시 전체를 움직이는 새로운 에너지원이 되었습니다. 1920년대 미국의 전력 보급률은 10년 만에 두 배로 늘었고, 생산 현장은 증기에서 전동기로 대체되었습니다. 항공 기술도 전쟁을 계기로 급격히 발전했습니다. 1903년 라이트 형제가 첫 비행에 성공한 지 불과 40년 만에 2차 세계대전 말기에는 제트엔진을 장착한 Me 262 전투기(독일)와 B-29 폭격기(미국)가 실전에 투입되었습니다. 전쟁이 끝난 후에는 민간항공으로 기술이 이전되고 팬암과 보잉 707이 등장하면서 1950년대는 '하늘의 시대'가 열렸습니다.

원자력 기술은 에너지와 군사 기술의 경계를 허물었습니다. 1942년 시카고대학의 엔리코 페르미(Enrico Fermi)가 세계 최초의 원자로 실험에 성공하고, 1945년 히로시마·나가사키에 원자폭탄이 투하되면서 인류는 에너지를 무기로 바꿀 수 있다는 사실을 목격했습니다. 이후 1950년대에는 "평화를 위한 원자(Atoms for Peace)" 구호 아래 원자력발전이 상용화되기 시작했습니다.

컴퓨터 기술의 발전도 이 시기에 빼놓을 수 없습니다. 1946년 미국 펜실베이니아대학에서 개발된 에니악(ENIAC)은 세계 최초의 전자식 계산기로, 무려 1만 8,000개의 진공관을 사용하며 현대 컴퓨터의 출발점이 되었습니다. 이후 IBM이 상용 컴퓨터를 개발하고, 1960년대 들어 반도체와 트랜지스터 기술이 발전하면서 오늘날 디지털 문명의 기반이 마련되었습니다.

이처럼 20세기 초·중반의 기술 발전은 군사와 산업, 생활 전반에 걸친 '총체적 진보'였습니다. 다만 이 혁신들이 전 세계로 퍼지지 못하고 각국의 국경 안에서 머물렀던 이유는 당시 국제질서가 전쟁과 이념 대립으로 분절되어 있었기 때문입니다. 결국 이 시기는 기술은 진보했지만, 글로벌화는 멈춰 있었던 모순된 시대였습니다. 이 시기를 흔히 '분절의 시대(The Age of Fragmentation)'라고 부르는 이유입니다.

그리고 1970년대 이후, 흐름은 다시 바뀝니다. 기술의 진보는 잠시 느려졌지만, 글로벌화가 폭발적으로 확산된 시기였습니다. 결정적 계기는 1971년 헨리 키신저(Henry Kissinger)의 중국 방문이었습니다. 미국과 중국의 관계 정상화는 세계 경제의 지도에 새로운 길을 열었습니다. 1978년 덩샤오핑의 개혁·개방 정책이 시작되면서 세계 인구의 4분의 1이 새롭게 글로벌 시장에 편입되었습니다.

같은 시기 유럽은 유럽연합(EU)의 전신인 유럽경제공동체(EEC)로 통합을 추진했고, 1973년 이후 아시아는 신흥공업국(NICs)으로 불리며 수출주도형 성장을 시작했습니다.

이 시기의 글로벌화는 세 가지 힘에 의해 강화되었습니다. 첫째, 무역자유화—GATT(관세무역일반협정)가 확대되고, 1995년에는 WTO가 출범했습니다. 둘째, 자본 이동의 자유화—금융시장이 개방되며 글로벌 자금이 실시간으로 이동하기 시작했습니다. 셋째, IT 혁명—1980년대 PC 보급과 1990년대 인터넷의 확산이 전 세계를 실시간으로 연결했습니다.

반면 기술의 진보는 이전 세대처럼 산업 전반으로 확산되지 않았습니다. 1970년대 이후의 기술 발전은 IT, 반도체, 통신 분야에 국한되었습니다. 자동차, 철강, 화학 등 전통 제조업의 혁신 속도는 둔화되었고, 대신 디지털 기술이 새로운 성장의 중심이 되었습니다. 이로 인해 생산의 글로벌 분업이 본격화되었습니다. 애플이 캘리포니아에서 설계한 아이폰을 중국에서 조립하고, 한국과 대만의 부품이 들어가며, 유럽에서 판매되는 구조가 대표적입니다.

21세기 초, 글로벌화는 절정에 달했습니다. 세계 GDP 대비 무역 비중은 1960년 25% 수준에서 2008년 60% 이상으로 상승했습니다. 인터넷과 컨테이너 물류 혁신, 항공운송의 대중화가 그 흐름을 이끌었습니다. 그러나 2008년 금융위기 이후, 그리고 2020년 팬데믹과 미·중 갈등을 거치며 세계는 다시 한번 변곡점에 서 있습니다.

요약하자면, 인류의 경제성장은 언제나 기술과 글로벌화의 교차점에서 이루어져 왔습니다. 1800년대에는 두 힘이 나란히 움직이며 산업혁명을 이끌었고, 20세기 중반에는 기술이 앞서가면서 세계가 분절되었습니다. 1970년대 이후에는 다시 글로벌화가 기술 발전을 이끌며 세계 경제의 통합을 가속시켰습니다.

그리고 지금, 우리는 그 흐름이 다시 바뀌는 역사적 전환점에 서 있습니다.

미국 트럼프 대통령은 그 변화를 더욱 빠르게 밀어붙이고 있습니다. 그러나 이 현상은 특정 인물의 정책 때문이라고 생각하기보다, 이미 오래전부터 진행되어 온 불가피한 구조적 변화의 결과로 보는 편이 더 정확합니다.

기술은 여전히 눈부시게 발전하고 있지만, 글로벌화는 흔들리고 있습니다. AI, 반도체, 에너지, 안보 등 전략 산업을 둘러싸고 각국이 자국 중심의 질서를 강화하면서 세계의 연결고리가 재편되고 있습니다.

결국 향후 세계 경제와 투자 환경은 이 두 축 '기술의 확장과 글로벌화의 수축'이 다시 균형을 찾느냐, 아니면 더 크게 어긋나느냐에 따라 달라질 것입니다.

미래를 그려본다면, 기술 발전은 더욱 가속화되는 반면 글로벌화는 도전과 제약을 받을 가능성이 높습니다. 이 흐름을 이해하는 것이 앞으로의 투자 판단에서 무엇보다 중요한 출발점이 될 것입니다.

기술 발전이 이루어지는 가운데 글로벌화가 위축되는 시기에 대한민국은 어떻게 생존하고 성장해야 할까요? 기술 발전에 더욱 집중할 필요가 있습니다. 그러나 기술 발전은 그동안 우리가 경험한 글로벌화 시대에 맞춘 기술 개발이 아닙니다. 글로벌화가 빠르게 진행되던 시점에 기술 개발은 수평적 진보가 더 효율적이었습니다. 그러나 글로벌화가 수축되는 상황에서의 기술 개발은 수직적 진보여야 합니다. 타자기를 보고 타자기 100개를 만드는 것이 아니라, 워드프로세

스를 만들 수 있는 기술 개발을 해야 합니다. 바로 0에서 1을 창조해야 합니다.

　수직적 진보가 가능하다면 우리 아이들이 살아갈 대한민국은 크게 성장할 것입니다. 그에 따라 코스피 지수는 5,000을 넘어 1만, 2만도 가능합니다. 수직적 진보를 만들어내고 있는 미국의 나스닥 지수는 10년 동안 5,000에서 2만으로 무려 3배 이상 상승했습니다. 대한민국도 충분히 할 수 있습니다. 대한민국의 수직적 진보를 꿈꿔봅니다.

나, 가족
그리고 우리를 위한 투자

    오지 않는 미래는 두렵습니다. 그러나 살아내야 합니다. 살아내기 위해 미래를 준비해야 합니다. 미래를 준비하는 가장 현명한 방법은 투자입니다. 투자는 현재의 희생을 전제합니다. 주식투자도 마찬가지 입니다. 더 나은 미래를 위해 주식에 투자합니다. 주식에 투자하기 위해서는 현재를 희생해야 합니다. 현재 쓰고 싶고, 사고 싶은 것을 먼저 줄이는 것이 투자를 위한 출발입니다.

    합리적인 소비가 중요한 이유입니다. 합리적 소비는 단순히 돈을 아끼는 것이 아닙니다. 그것은 내가 내 삶의 주인이 되는 첫걸음, 그리고 미래의 자유를 지키는 선택입니다. 오늘날 우리는 하루도 조용히 살 수 없는 세상 속에 살고 있습니다. 스마트폰을 켜면 사은품, 한정

판, 세일, 구독, 리미티드 에디션이 쉴 새 없이 쏟아집니다. SNS 속 인플루언서는 새로 나온 브랜드의 옷을 입고, 유명 유튜버는 신제품을 언박싱합니다. 우리가 클릭하지 않아도 광고는 따라옵니다. "지금 사야 합니다", "오늘 놓치면 후회합니다", "단 하루, 단 100개" 이런 문구들은 단순한 정보가 아니라 심리적 압박의 언어입니다.

우리는 종종 '필요해서'가 아니라 '원하도록 설계되었기 때문에' 소비합니다. 기업들은 우리의 감각, 기억, 감정까지 연구합니다. 매장 안의 조명, 음악, 향기, 색상, 심지어 계산대의 위치까지 모두 계획되어 있습니다. 소비자의 뇌가 '사고 싶다'는 신호를 보내도록 정교하게 설계된 공간입니다.

어릴 적 즐겨 먹던 과자, TV 광고 속 캐릭터, 유년기의 장난감이 성인이 된 지금도 우리 손을 움직이게 만드는 이유도 같습니다. 소비는 단순한 경제 행위가 아니라 기억과 감정의 작동입니다. 어린 시절의 익숙함이 브랜드 충성도를 만들고, 그것이 세대를 이어갑니다.

우리는 합리적으로 소비한다고 생각하지만, 신경과학의 관점에서 보면 대부분의 소비 결정은 감정이 이성보다 먼저 작동합니다. 좋아 보이는 사람, 반짝이는 매장, 부드러운 음악과 같은 감정 자극이 먼저 '좋다'는 느낌을 주면, 뇌는 그다음 단계에서 합리화를 시작합니다. "이건 꼭 필요해." "곧 쓸 일이 있을 거야." 이 모든 말은 사실 감정이 이미 내린 결정을 이성이 정당화하는 과정일 뿐입니다.

브랜드는 이 감정의 통로를 가장 잘 이해하고 활용합니다. 강한 브랜드는 단순한 상표가 아니라, 자기 정체성의 일부로 작용합니다. 내가 어떤 브랜드를 소비하느냐가 '내가 어떤 사람인가'를 보여준다고 믿게 되는 것이죠. 그래서 유명 브랜드를 접할 때마다 뇌의 감정 중추가 반짝이며 쾌락을 느낍니다. 그때 우리는 생각할 겨를도 없이 훨씬 빠르게 결제 버튼을 누릅니다.

감정은 언제나 소비의 뒤편에 있습니다. 우리가 무언가를 사고 싶어질 때를 떠올려보십시오. 대부분의 경우 그것은 행복할 때가 아니라, 불안하거나 외로울 때입니다. "지금 안 사면 못 산다"는 한마디에 마음이 조급해집니다. 또래들이 가진 물건을 나만 갖고 있지 않으면 뒤처지는 것 같고, SNS 속 다른 사람의 삶이 더 풍요로워 보입니다. 그때 우리의 손은 지갑 속 카드로 향합니다.

이런 감정적 소비는 불안뿐만 아니라, 때로는 슬픔과 허무함에서 시작되기도 합니다. 힘든 하루를 보낸 후 충동적으로 온라인 쇼핑을 하는 이유도 같습니다. 물건이 도착할 때의 설렘은 잠시 기분을 달래주지만, 그 기분은 오래가지 않습니다. 오히려 다음 공허함을 불러옵니다. 그래서 우리는 다시 무언가를 찾게 됩니다. 감정-소비의 악순환입니다.

흥미로운 실험이 있습니다. 현금으로 결제할 때와 카드로 결제할 때, 뇌의 '통증 중추'가 얼마나 활성화되는지를 비교한 연구였습니다.

결과는 명확했습니다. 카드 결제는 현금 결제보다 훨씬 덜 아픕니다. 왜냐하면 카드를 사용한 뒤 다시 돌려받기 때문입니다. 카드로 소비할 때 우리의 뇌는 손실로 인식하지 않습니다. 카드는 결제의 고통이 줄어들고, 소비는 더 쉬워집니다. 무의식적으로 이런 마비된 감각 속에서 우리는 점점 더 많은 돈을 씁니다. 쇼핑이 즐거워지는 이유는 단지 물건 때문이 아니라, '지불의 고통이 사라졌기 때문'입니다.

소비는 종종 자존감의 문제로 이어집니다. 사람은 누구나 현실의 나와 이상적인 나 사이에 간극을 가지고 있습니다. 그 간극이 클수록 우리는 더 화려한 물건으로 자신을 포장하려 합니다.

'좋은 차를 타면 나도 성공한 사람처럼 느껴질 거야.' '이 옷을 입으면 더 자신감이 생길 거야.' 이런 생각이 반복될수록 소비는 자존감의 임시방편이 됩니다. 하지만 그 효과는 잠시뿐입니다. 다음 날 거울 속의 나는 여전히 어제의 나와 같습니다. 그래서 우리는 다시 무언가를 사고 싶어집니다. 이 반복이 오래되면 습관이 되고, 습관은 결국 중독으로 이어집니다.

서울대학교 심리학과 연구팀은 소비와 행복의 관계를 실험했습니다. 아이들을 두 그룹으로 나누어, 한 그룹에는 5만 원으로 물건을 사게 하고, 다른 한 그룹에는 같은 금액으로 경험을 하게 했습니다. 3주 후 두 그룹의 행복도와 만족도를 조사했을 때, 경험을 한 그룹의 행복도가 훨씬 높고 지속적이었습니다.

이 결과는 단순한 심리 실험이 아닙니다. 물질적 소비는 일시적 쾌락을, 경험 소비는 지속적 행복을 준다는 것입니다. 물건은 낡고 유행은 지나가지만, 경험은 기억 속에서 가치가 더해집니다. 가족과의 여행, 친구와의 대화, 배움의 시간은 시간이 지나도 빛이 바래지 않습니다.

합리적 소비는 억지로 절약하는 일이 아닙니다. 그것은 욕망을 이해하고 조절하는 습관입니다. 습관을 만들기 위해서는 구체적인 실행 계획이 필요합니다. 첫 번째, 소비의 소음을 줄여야 합니다. 쇼핑앱 알림과 SNS 광고 구독을 끄십시오. 장바구니에 넣고 하루가 지나도 여전히 필요하다면 그때 결제하십시오. 두 번째, 지불의 마찰을 만들어보십시오. 신용카드보다 체크카드를, 온라인보다 오프라인을 선택해보십시오. 그리고 결제 전 24시간 유예 규칙을 만들어두는 것도 좋습니다. 세 번째, 소비보다 경험에 투자하십시오. 물건보다 사람과 시간, 배움과 경험에 돈을 쓰십시오. 책 한 권, 강연, 여행이 남기는 행복은 물질보다 오래갑니다. 네 번째, 투자 우선의 원칙을 지키십시오. 월급이 들어오거나 수입이 생기면 가장 먼저 저축과 투자금이 빠져나가도록 설정하십시오. '살까 말까' 고민될 때마다, 사지 말고 그 금액을 투자 계좌로 옮기십시오. 마지막으로, 가족과 함께 소비 습관을 바꿔보십시오. 아이와 함께 '원함'과 '필요'를 구분하는 대화를 해보십시오. 한 달에 한 번은 '물건 없는 날'을 정해, 대신 함께하는 시간을 소비해보십시오.

합리적 소비는 단지 절약의 미덕이 아닙니다. 그것은 욕망의 소음을 낮추는 기술, 그리고 미래의 자유를 확보하는 전략입니다. 소리가 잦아들면 방향이 보이고, 방향이 보이면 자원이 모입니다. 그 자원이 장기투자로 쌓일 때, 개인의 안정과 가족의 행복, 그리고 우리가 꿈꾸는 진보된 사회로 나아갈 수 있습니다.

2025년 들어 메타(구 페이스북)의 실적이 시장의 예상을 훌쩍 뛰어넘고 있습니다. 특히 영업이익이 전년 대비 두 자릿수 이상 증가하면서 다시 한번 '광고 제국'으로서의 면모를 입증했습니다. 그 중심에는 단연 AI의 도입과 광고 효율의 비약적 개선이 있습니다.

메타의 매출 구조를 보면 여전히 대부분이 광고 수익에서 나옵니다. 그런데 예전의 단순한 타깃 광고와는 다릅니다. 2024년부터 메타는 'Advantage+'라는 AI 기반 광고 추천 시스템을 본격적으로 도입했습니다. 이 시스템은 개별 사용자의 행동 패턴, 대화 내용, 영상 시청 시간, 감정 반응까지 정밀하게 분석해 어떤 광고를 언제, 어떤 형태로 보여줄지 스스로 학습합니다. 그 결과 광고 효율이 눈에 띄게 높아졌고, 광고주들은 같은 비용으로 더 많은 매출을 얻고 있습니다. 자연스럽게 광고 단가가 오르고, 메타의 영업이익이 급증했습니다.

또한 인스타그램 릴스와 페이스북 숏폼 영상에 AI 추천 알고리즘이 결합되면서 소비자들의 시청 시간과 체류 시간이 폭발적으로 증가했습니다. 사용자들은 짧은 영상 하나를 본 뒤, AI가 추천한 비슷한 영상을 연달아 시청하면서 시간과 관심을 빼앗깁니다. 그 안에서 무심코 '좋아요'를 누르고, 링크를 클릭하고, 쇼핑 페이지로 이동합니다. 이 과정에서 광고는 단순히 '보는 것'을 넘어 '행동을 유도하는 기술'로 진화했습니다.

즉, 메타의 영업이익 증가는 단순히 광고주가 증가해서가 아니라, AI가 인간의 감정과 욕망을 정교하게 포착해 소비를 자극하는 구조로 발전했기 때문입니다. 이제 광고는 '보여주는' 것이 아니라 '끌어들이는' 것이 되었습니다. 이 변화는 우리에게 중요한 질문을 던집니다. AI가 우리의 취향과 감정을 실시간으로 읽어내고, 구매 욕구를 자극하는 시대—이 시대에는 합리적인 소비와 자기 통제력이 그 어느 때보다 중요해질 것입니다. 소비자는 자신이 선택한다고 생각하지만, 실제로는 AI가 제시한 선택지를 고르고 있을지도 모릅니다. AI가 우리의 '무의식'을 공략하는 시대에는 '의식적인 소비'가 곧 생존 전략입니다.

따라서 AI 시대의 진짜 과제는 기술의 발전이 아니라 유혹 속에서도 중심을 지키는 능력입니다. 메타의 이익이 늘어날수록 우리의 지갑은 더 쉽게 열립니다. AI가 만든 세상은 더 편리하지만, 동시에 더 위험한 곳이기도 합니다. 결국 AI가 소비를 이끄는 시대일수록 합리적 소비가 인간의 마지막 방어선이 될 것입니다.

우리는 더 많이 소유하기 위해 투자하는 것이 아닙니다. 더 자유롭게 선택하고 살기 위해 투자하는 것입니다. 오늘의 작은 '미루기'가 내일의 큰 가능성이 되고, 그 가능성이 쌓여 한 사람의 인생과 한 사회의 방향을 바꿉니다. 그러므로 오늘, 장바구니를 닫고 계좌를 여십시오. 그 순간부터 진짜 투자, 진짜 진보가 시작됩니다.

경제활동 교육이 필요하다

합리적 소비뿐 아니라 경제 교육에 대해서도 생각해야 합니다. 우리나라 학교의 경제 교육은 여전히 '이론 중심'에 머물러 있습니다. 교과서 속 경제는 주로 환율, 금리, GDP, 수요와 공급 곡선 등 원론적인 내용으로 채워져 있습니다. 학생들은 시험을 위해 개념을 외우지만, 정작 그 지식을 자신의 삶과 연결하는 법은 배우지 못합니다. 경제의 원리를 이해할 수는 있지만, 그 원리를 활용해 경제주체로 행동하는 방법은 배우지 못하고 있습니다.

경제는 본래 생산-소비-분배의 활동 전체를 말합니다. 따라서 단순히 개념을 배우는 것을 넘어 활동으로 연결되어야 합니다. 경제활동이란 '어떻게 돈을 벌 것인가(생산)', '어떻게 돈을 쓸 것인가(소비)',

'어떻게 돈을 나눌 것인가(분배)'에 대한 구체적이고 실제적인 의사결정의 과정입니다. 그러나 한국의 학교 경제 수업은 대부분 '경제의 구조'를 가르치고, '경제활동의 방법'을 가르치지 않습니다.

그 결과 학생들은 사회에 나와 돈을 벌고, 쓰고, 관리하는 과정에서 혼란을 겪습니다. 금융상품의 구조를 모르고, 소비의 유혹에 쉽게 노출되며, 투자나 세금 문제에 대해 스스로 판단하기 어려워합니다. 이것은 단지 개인의 문제를 넘어 사회 전체의 경제적 시민 역량이 약화되는 문제이기도 합니다.

이와 달리 미국은 오래전부터 금융 문해력을 위한 국가 표준(National Standards for Financial Literacy)을 제정하여 체계적인 경제활동 중심 교육을 실시하고 있습니다. 이 표준은 단순한 경제학 개념이 아니라, 학생들이 실제 경제주체로서 살아가는 데 필요한 다섯 가지 핵심 역량을 중심으로 구성되어 있습니다.

① **소득 창출**(Earning Income): 일과 직업의 개념을 배우고, 노동을 통해 소득을 얻는 과정을 이해합니다.

② **소비와 구매**(Buying Goods and Services): 가격, 비교, 품질 평가를 학습하며 합리적인 소비 결정을 연습합니다.

③ **저축**(Saving): 미래를 대비해 소득의 일부를 저축하고, 목표를 세우는 방법을 배웁니다.

④ **신용 활용**(Using Credit): 신용카드, 대출, 신용점수의 의미를 이해하고 책임 있는 금융 습관을 기릅니다.

⑤ **투자**(Investing): 위험과 수익, 복리의 개념을 배우며 자산을 늘리는 방법을 체험합니다.

이 기준에 따라 미국의 학교들은 초·중·고등학교 단계별로 학생들에게 '경제를 이해하는 능력'에서 '경제를 운영하는 능력'으로 교육의 초점을 옮기고 있습니다. 예를 들어 중학생은 용돈 관리와 예산 세우기, 고등학생은 실제 주식·채권 투자 시뮬레이션이나 세금 신고 실습을 배우며, 대학 진학이나 사회 진출 이전에 '경제적 자기결정 능력'을 갖추도록 교육받습니다.

우리도 이제 '경제학'이 아닌 '경제활동'을 가르쳐야 할 때입니다. 다음과 같은 세 가지 변화가 필요합니다.

① **생산 교육의 현실화**: '돈을 벌어보는 경험'을 제공해야 합니다.

단순히 직업의 종류를 배우는 것이 아니라, 학생들 스스로 함께 상품을 만들고 판매하는 프로젝트 학습을 도입해야 합니다.

디지털 플랫폼을 활용해 소규모 창업이나 콘텐츠 제작을 경험함으로써 '노동의 가치'와 '소득 창출의 과정'을 직접 이해할 수 있도록 해야 합니다.

② **소비 교육의 실천화**: '돈을 쓰는 기술'을 가르쳐야 합니다.

물가나 인플레이션의 개념을 외우는 대신, 가계 예산을 세워보고, 소비 패턴을 분석하며, 합리적인 선택을 고민하게 해야 합니다.

특히 AI 시대에는 메타나 유튜브처럼 소비 유혹을 강화하는 알고리즘이 일상 속에 녹아 있습니다. 이런 환경 속에서 학생들에게 디지털 소비 심리 교육과 금융 리터러시 훈련을 강화해야 합니다.

③ **분배 교육의 참여화**: '돈을 나누는 결정'을 훈련해야 합니다.

조세와 복지를 단순히 외우는 것이 아니라, 가상의 사회 예산을 만들어 직접 배분해보는 '모의 정부' 수업을 진행할 수 있습니다.

또한 ESG, 사회적 투자, 기부 등의 개념을 실제 프로젝트로 연결해 경제를 통해 사회에 기여하는 경험을 쌓게 해야 합니다.

AI가 인간의 소비 패턴을 예측하고, 광고가 감정까지 읽어내는 시대입니다. 이제 경제 교육은 단순한 지식의 습득을 넘어 스스로 판단하고 행동할 수 있는 경제적 시민을 길러내는 과정이 되어야 합니다. 학생들이 경제를 단순히 이해하는 것을 넘어 직접 참여하고 실천함으로써 경제의 주체로 성장할 때, 비로소 '경제 교육'은 진정한 의미를 가지게 됩니다.

성인을 위한 경제활동 교육도 필수입니다. 성인은 경제활동을 하고 있는 사람과 이미 경제활동을 마친 사람으로 나눌 수 있습니다. 현재 경제활동 중인 사람들에게는 특히 투자 교육이 필요합니다. 단순히 효율적인 소비뿐 아니라, 소득을 어떻게 나누고 어디에 투자해야 하는지 배워야 합니다.

경제활동 중인 사람들에게 투자 교육은 필요성을 넘어 차이의 문제입니다. 단순히 돈을 버는 방법을 넘어 번 돈을 어떻게 관리하고 나누고 늘릴 수 있는가에 따라 격차가 더욱 커지기 때문입니다. 많은 사람이 월급을 받고, 생활비를 쓰고, 남는 돈을 저축합니다. 하지만 여기서 멈춥니다. 저축만으로는 미래를 지키기 어렵습니다. 인플레이션 영향으로 조용히 부는 줄어들 수 있고, 기회비용은 눈에 보이지 않게 자산 격차를 벌립니다. 그래서 투자 교육은 더 이상 선택이 아닙니다.

OECD 조사에 따르면, 세계 성인 중 금융 개념을 제대로 이해하는 사람은 3분의 1에 불과합니다. 특히 '복리' 개념을 이해하는 비율은 절반도 되지 않습니다. 돈을 버는 능력보다 중요한 것은 돈의 흐름을 읽고, 그 흐름을 자신에게 유리하게 바꾸는 능력입니다. 성인들이 투자 교육을 받아야 하는 이유는 여기에 있습니다.

투자 교육의 핵심은 '어디에 투자하라'가 아닙니다. '어떻게 사고 하고 행동하라'입니다. 예를 들어 한 직장인은 월급의 일정 비율을 자동이체로 저축하고 투자 계좌로 옮깁니다. 급여가 오르거나 지출이 늘어도 이 원칙은 바꾸지 않습니다. 프리랜서는 수입이 불규칙하기 때문에 들어오는 돈마다 '생활비-저축-투자' 순으로 우선순위를 정합니다. 단순한 방법의 차이로 보이지만 장기적으로는 큰 격차를 만듭니다. 소비가 먼저냐, 투자가 먼저냐를 가장 시급하게 생각하고 행동해야 합니다.

실제 연구에서도 금융 지식이 높은 사람이 그렇지 않은 사람보다 재무 탄력성이 높고, 위기 상황에서도 손실을 적게 본다는 결과가 있습니다. 금융 지식은 단순한 정보가 아니라 행동의 차이를 만들어냅니다. 단기 수익률에 흔들리지 않고, 위기 속에서도 자신만의 원칙을 지킬 수 있게 합니다.

경제활동 중인 성인에게 필요한 투자 교육은 세 가지 방향으로 이루어져야 합니다. 첫째, 소득 배분의 원리를 이해해야 합니다. '벌면 쓴다'가 아니라 '나누고 남긴다'입니다. 생활비, 비상금, 투자금의 비율을 스스로 정해두는 것만으로도 돈의 흐름이 달라집니다. 둘째, 투자 원칙을 세워야 합니다. 모든 투자에는 위험이 있습니다. 위험을 피하는 것이 아니라, 이해하고 관리하는 법을 배우는 것이 중요합니다. 셋째, 디지털 금융 시대의 도구를 익혀야 합니다. 이제 대부분의 투자는 스마트폰에서 이루어집니다. 플랫폼의 구조, 수수료, 세금, 보안 문제를 이해하지 못하면 쉽게 불리한 선택을 하게 됩니다.

경제활동을 마친 사람들에게 경제활동 교육은 더욱 절실합니다.

일을 통해 소득을 얻는 시기가 끝나면 마치 돈의 흐름이 멈춘 것처럼 느껴집니다. 그러나 진짜 중요한 시점은 바로 그다음입니다. 이제는 일을 해서 돈을 버는 것이 아니라, 그동안 모은 돈이 나를 위해 일하게 만들어야 하기 때문입니다.

오늘날 우리가 맞이할 은퇴는 과거와 다릅니다. 평균수명이 길어졌고, 퇴직 이후에도 20년, 어쩌면 30년 가까운 시간을 살아가야 합니다. 인생의 '3막'이 새로 생긴 셈입니다. 문제는 그 시간이 길어진 만큼 불확실성도 커졌다는 점입니다. 가장 큰 리스크는 사실 자산의 크기가 아니라, 언제까지 살지 알 수 없다는 것입니다. 과거에는 기대수명이 짧아 노후의 길이를 대략 가늠할 수 있었습니다. 그러나 이제는 누구도 자신의 마지막을 예측할 수 없습니다. 오래 사는 것이 축복이자 동시에 재정적 위험이 되는 시대입니다.

그렇기 때문에 은퇴 이후의 경제활동은 '노동'이 아니라 '관리'로 전환되어야 합니다. 국민연금이나 퇴직연금만으로는 생활비를 충분히 감당하기 어렵습니다. 일정한 현금흐름을 유지하면서 자산을 지키고 늘리는 전략이 필요합니다. 그러나 많은 은퇴자들이 이 변화에 제대로 대비하지 못합니다. 평생 일을 하며 돈을 버는 법은 익혔지만, 그 돈을 어떻게 유지하고 운용할지는 배우지 못했기 때문입니다.

결국 은퇴 이후의 경제 교육은 '돈을 더 버는 기술'이 아니라 '돈을 오래 쓰는 지혜'를 배우는 과정이어야 합니다. 은퇴 이후의 재무

전략에서 가장 먼저 필요한 것은 '현금흐름 관리'입니다. 매달 들어오는 돈과 나가는 돈을 정확히 파악해야 합니다. 연금, 예금이자, 배당금 같은 정기적 소득이 어느 정도인지 계산하고, 필수지출과 선택지출을 구분해야 합니다. 단순히 아끼는 것만으로는 오래 버티기 어렵습니다. 자산의 흐름을 설계해야 합니다.

예를 들어 일정 금액은 생활비용으로, 일정 금액은 비상자금으로, 나머지는 투자소득을 위한 포트폴리오로 구성합니다. 은퇴자는 고수익보다는 안정성을 우선해야 하지만, 동시에 너무 보수적인 운용은 인플레이션의 위험을 키웁니다. 매년 2~3%의 물가 상승률만으로도 10년 뒤 생활비는 20~30% 늘어납니다. 그래서 일정 비율의 주식, 배당형 ETF, 리츠 등을 통해 물가 상승을 상쇄할 수 있는 구조를 만들어야 합니다.

투자를 늦게 시작했다고 해서 포기할 필요는 없습니다. 미국 투자교육연구소(FINRA)의 연구에 따르면, 중장년층의 금융 교육 참여자는 그렇지 않은 사람보다 은퇴 이후 자산 유지율이 20% 이상 높았습니다. 단순히 이자를 더 받는 것이 아니라, 손실을 줄이는 힘이 생겼기 때문입니다. '얼마나 벌었는가'보다 '얼마나 지켰는가'가 은퇴 이후의 삶을 좌우합니다.

또한 은퇴 후에는 세금에 대한 이해도 중요합니다. 연금 수령 시점, 부동산 매각, 상속과 증여 등은 모두 세금과 직결됩니다. 세금 구조를 모르고 행동하면 불필요한 비용을 치르게 됩니다. 반면 제도를 이해하고 계획적으로 움직이면 합법적으로 세금을 줄일 수 있습니다.

무엇보다 중요한 것은 '돈을 다루는 마음가짐'입니다. 은퇴자는 투자시장의 변동성보다 불안감이라는 심리적 리스크와 싸워야 합니다. 하루 종일 뉴스와 주가를 보며 불안해하기보다 한 번 세운 원칙을 지키는 것이 훨씬 중요합니다. '지금 팔면 손해일 것 같다'는 감정에 휘둘리지 않고, 장기적인 관점에서 자신의 삶과 투자 계획을 연결해야 합니다.

은퇴 이후의 경제 교육은 돈을 불리는 기술보다 '돈을 관리하는 지혜'를 배우는 일입니다. 지금 가진 자산이 얼마나 되는가보다, 그것을 얼마나 오래 지켜 쓸 수 있는가가 핵심입니다. 일을 하지 않아도 돈이 들어오는 구조를 만들고, 그 구조가 안정적으로 작동하도록 지키는 것, 그것이 은퇴 이후의 새로운 경제활동입니다.

결국 경제 교육은 생애 전 과정의 과제입니다. 일할 때는 벌기 위한 교육이 필요하고, 일하지 않을 때는 지키기 위한 교육이 필요합니다. 은퇴자는 단지 일을 멈춘 사람이 아니라, 자신의 자산을 새로운 방식으로 일하게 만드는 사람입니다. 돈이 나를 위해 일하는 세상, 그것이 진정한 은퇴의 시작입니다.

투자 활동 교육은 단발성이 되어서는 안 됩니다. 인생의 단계마다 배워야 하는 내용이 다릅니다. 사회 초년기에는 소비와 저축의 균형, 중년기에는 자산 배분과 위험 관리, 은퇴기에 접어들면 연금과 현금 흐름 관리로 초점이 옮겨갑니다. 돈을 다루는 능력은 한 번의 교육으로 완성되지 않습니다. 인생처럼, 계속 배워야 합니다.

결국 투자 교육은 경제적 생존을 위한 지식이자, 더 나은 삶을 위한 철학입니다. 돈을 잘 버는 사람보다 돈을 현명하게 다루는 사람이 오래갑니다. 성인들이 투자를 배우는 일은 자신을 위한 일이자 사회 전체를 위한 일입니다. 경제를 이해하는 시민이 많아질수록 사회는 더 단단해지고, 불평등은 줄어듭니다. 진보는 경제에 대한 이해와 배움에서 시작됩니다.

변화가 필요합니다. 다시 한번 강조합니다. 우리는 지금 경제 교육이 아니라 경제활동 교육이 필요합니다. 이론에서 활동으로, 지식에서 행동으로 나가야 합니다. 경제를 배우는 학생들이 아니라 경제를 통해 행동하는 시민들을 길러내는 것이 교육의 새로운 목표가 되어야 합니다.

맺음말
미래를 꿈꾸는 투자자에게

버스를 타려고 달려가는 외국인을 보았습니다. 삶은 참 고단합니다. 딸이 좋아하는 아이돌 그룹의 무료 공연표를 얻기 위해 엄마는 새벽부터 줄을 서서 기다립니다. 삶은 때로 극성스럽습니다. 폭염이 쏟아지는 공사장에서, 배고픔을 참으며 빵을 만드는 공장에서 노동자들은 생명을 걸어야 합니다. 삶은 무섭습니다. 어른들은 늙어가고, 아이들은 미래가 두렵습니다. 삶은 불확실하고, 불안합니다.

그렇지만 삶은 숭고합니다. 고단하고, 무섭고, 지치고, 때론 바보 같지만 그 모든 시간을 견디며 살아가는 하루하루는 숭고하고 아름답습니다. 그래서 숭고한 삶을 살아내는 여러분은 보통 사람이 아닙니다. 당신은 이미 영웅입니다.

영웅들에게 잃어버린 슈퍼맨의 망토를, 토르의 망치를 다시 쥐여

드리고 싶었습니다. 당신은 원래 영웅이었다고, 잊고 있던 본성을 찾아야 한다고 말해주고 싶었습니다. 단순히 "할 수 있다"가 아니라, 미래를 믿고, 삶을 영웅처럼 살아가야 한다고 말하고 싶었습니다.

허황된 말이라 욕할 수도 있습니다. 그러나 저는 믿습니다. 미래는 어떻게 생각하는가에 따라 달라집니다. 역사의 진보는 언제나 희망에서 시작되었습니다. '지금보다 좋아질 것이다. 지금보다 나아질 것이다.'

그 믿음이 바로 진보입니다. 그렇다면 지금 우리는 진보하고 있습니까? 대한민국은 지금, 더 나은 곳으로 가고 있습니까?

진보는 저절로 오지 않습니다. 지금보다 나아지기 위해서는 현재를 바꿔야 합니다. 같은 일을 반복하면서 다른 결과를 기대하는 것은 게으름을 넘어 망상에 가깝습니다. 그래서 현재를 바꾸어야 합니다. 그것이 진보의 출발점입니다. 미국의 루스벨트 대통령은 젊은이들에게 이렇게 말했습니다. "Keep your feet on the ground and your eyes on the stars." 발은 땅에, 눈은 별에 두라고. 눈은 별을 봐야 합니다. 그러나 발은 반드시 땅 위에 있어야 합니다. 땅은 현실입니다. 현실을 똑바로 보지 못하면 하늘을 향한 꿈도 없습니다.

우리의 현실은 냉정합니다. 성장률은 1%대에 머물고, 빈부 격차는 커지고, 사회적 불평등은 구조화되고 있습니다. 통계청에 따르면, 상위 10% 가구의 평균소득은 하위 10%의 12배가 넘습니다. 부잣집 아이는 더 좋은 교육을 받고, 더 좋은 일자리를 얻습니다. 대기업과 중소기업의 임금 격차는 여전히 두 배 이상입니다. 서울과 지방은 하나의 나라 안에 두 개의 세상처럼 나뉘었습니다. 대한민국의 현실입니다. 그러나 현실만을 말하는 사람은 세상을 바꾸지 못합니다. 불평으로는 아무것도 바뀌지 않습니다. 희망은 현실을 직시한 사람만이 만들 수 있습니다. 이미 우리는 희망을 보았고 만들었습니다.

여의도에서, 광화문에서, 밤하늘을 수놓은 수많은 응원봉 속에서, 〈다시 만난 세계〉를 부르는 사람들 속에서 우리는 이미 새로운 세대의 에너지를 보았습니다. 웹툰 속 영웅처럼, 우리는 악을 물리쳤습니다. 이제 응원봉을 내려놓고, 주식의 깃발을 흔들 차례입니다. 주주가 되어 대한민국의 기업을 바꿔야 합니다.

미국과의 협상에서 가장 큰 수익을 본 기업은 현대차 그룹이었습니다. 정의선 회장은 이재명 대통령에게 진심으로 감사하다고 말했습니다. 그러나 우리는 현대차를 위해 세상을 바꾼 것이 아닙니다. 우리는 신라의 왕관을 트럼프에게 선물하기 위해 응원봉을 흔들지 않았습니다. 새로운 변화를 다시 만들어야 합니다. 출발은 주식투자입니다.

이제는 주주로서 대한민국을 위한 기업으로 바꾸어야 합니다. 주주는 단순히 주식을 가진 사람이 아닙니다. 나라의 자본을 움직이는 사람입니다. 기업을 감시하고, 사회를 책임지는 사람입니다. 행동이 세상을 바꿉니다.

미래는 기업의 손에 있습니다. 그리고 그 기업의 방향은 주주의 손에 있습니다. 주식투자는 더 이상 사적 이익의 놀이가 아닙니다. 이제 그것은 사회의 언어이자, 미래를 만드는 행동입니다.

우리는 투자해야 합니다. 가치 있는 기업에, 윤리적인 기업에, 사람을 이롭게 하는 기업에 투자해야 합니다. 투자가 모여 사회를 바꾸고, 투자 행동이 세상을 변화시킬 것입니다.

미래를 위한 투자자는 시세가 아니라 시대를 봅니다. 이익이 아니라 의미를 봅니다. 돈을 위해 움직이는 것이 아니라, 사람과 세상을 위해 행동합니다. 진보는 거대한 구호가 아닙니다. 작은 선택과 행동의 누적입니다. 어떤 기업에 투자하느냐가 바로 진보의 방향을 정합니다.

미래를 위한 투자자 여러분, 당신은 이미 영웅입니다. 당신이 움직일 때 시장이 움직이고, 시장이 바뀔 때 세상이 바뀝니다. 이제, 그 첫 걸음을 내딛을 시간입니다. 당신의 투자가 곧 당신의 미래입니다. 그리고 우리의 미래입니다.

이 책은 영웅이 일상으로 돌아가는 길에 바치는 응원가입니다. 누구도 모르는 새벽에 눈을 뜨고, 묵묵히 하루를 버티며, 가끔 하늘을 올려다보는 모든 영웅들에게 바칩니다.

당신은 거대한 재벌도, 유명한 투자가도 아닙니다. 그럼에도 이 책은 당신을 위해 쓰였습니다. 왜냐하면 이 세상의 진보는 언제나 당신 같은 보통 사람의 결심으로부터 시작되기 때문입니다.

하루의 노동이 버겁고 통장이 비어 있어도, 당신이 희망을 버리지 않고 세상을 조금이라도 더 나은 곳으로 만들고 싶다면, 그 마음이 곧 진보입니다.

우리는 알고 있습니다. 주식시장은 냉정하고, 세상은 불공평하다는 것을. 그러나 그 안에서도 기회를 찾아 더 공정한 시장, 더 따뜻한 사회를 만들겠다는 의지, 그것이 바로 '진짜 투자'입니다.

당신의 투자가 한 사람의 삶을 바꾸고, 한 기업의 방향을 바꾸며, 결국 한 나라의 미래를 바꿀 수 있습니다.

삶은 고단합니다. 하지만 숭고합니다. 그래서 우리는 여전히 투자합니다. 돈이 아니라, 가능성에. 수익이 아니라, 희망에. 미래에 대한 믿음 하나로. 당신은 이미 영웅입니다. 당신의 작은 선택이 세상의 진보를 완성합니다.

이제, 우리 모두의 시장으로 나아갑시다. 진보를 위한 주식투자, 그 긴 여정의 첫날입니다. 여러분을 진심으로 응원합니다. 함께 가는 길에 행복과 행운이 함께하길….

KI신서 13957
진보를 위한 주식투자

1판 1쇄 발행 2025년 12월 17일
1판 9쇄 발행 2026년 2월 6일

지은이 이광수
펴낸이 김영곤
펴낸곳 ㈜북이십일 21세기북스

출판부문 출판2본부장 윤서진
미래기획팀장 유현기 미래기획팀 심세미
표지 디자인 김희림
본문 디자인 푸른나무디자인
출판2본부 마케팅팀 유진선 이수진 김설아
마케팅영업부문 본부장 정지은
영업팀 한충희 장철용 강경남 황성진 김도연 나은경 이정은
제작팀 이영민 권경민
출판등록 2000년 5월 6일 제406-2003-061호
주소 (10881) 경기도 파주시 회동길 201 (문발동)
대표전화 031-955-2100 팩스 031-955-2151 이메일 book21@book21.co.kr

ⓒ 이광수, 2025

ISBN 979-11-7357-657-7 03320

㈜북이십일 경계를 허무는 콘텐츠 리더

21세기북스 채널에서 도서 정보와 다양한 영상자료, 이벤트를 만나세요!
페이스북 facebook.com/21cbooks   포스트 post.naver.com/21c_editors
인스타그램 instagram.com/jiinpill21   홈페이지 www.book21.com
유튜브 youtube.com/book21pub

책값은 뒤표지에 있습니다.
이 책 내용의 일부 또는 전부를 재사용하려면 반드시 ㈜북이십일의 동의를 얻어야 합니다.
잘못 만들어진 책은 구입하신 서점에서 교환해드립니다.

살아 있는 경제 지식과 투자의 지혜는 21세기북스

경제전망

김광석 저
《긴축의 시대》

김영익 저
《더 찬스 The Chance》

한문도 저
《더 크래시 The Crash》

배당주

송민섭(수페TV) 저
《나는 배당투자로
매일 스타벅스 커피를
공짜로 마신다》

채권

마경환 저
《부와 절세를 한번에 잡는
채권투자 바이블》

주식

김학주 저
《김학주의 40배 수익클럽》